Andrea Röpke, Andreas Speit

Völkische Landnahme

Andrea Röpke, Andreas Speit

Völkische Landnahme

Alte Sippen, junge Siedler, rechte Ökos

Ch. Links Verlag

Die im Juni 2019 erschienene Erstauflage wurde von rechten Aktivisten mehrfach juristisch angegriffen. Insgesamt erreichten den Verlag und die Autoren 16 Abmahnungen, überwiegend aus einer Kanzlei, in der heute der ehemalige Präsident des Bundesamtes für Verfassungsschutz mitwirkt. Mit diesem massiven Auftreten sollte die namentliche Nennung von Akteuren aus Niedersachsen, Sachsen und Sachsen-Anhalt untersagt werden. Die geforderten Unterlassungserklärungen haben wir nicht abgegeben, denn all unsere Darstellungen betreffen Personen, deren Handlungen von übergeordnetem öffentlichem Interesse sind und deren Bewertung durch die Meinungsfreiheit gedeckt ist. Die jetzt erfolgten Änderungen im letzten Kapitel sind den anhaltenden juristischen Auseinandersetzungen geschuldet, die sich erfahrungsgemäß länger hinziehen werden. Wir konzentrieren uns in der zweiten Auflage daher nun verstärkt auf Beispiele völkischer Aktivitäten in Mecklenburg-Vorpommern und Nordrhein-Westfalen. Ein zusätzlicher Fokus liegt auf dem zivilgesellschaftlichen Gegenprotest.
Wir danken all jenen, die uns in den jüngsten Konflikten solidarisch unterstützen.

Andrea Röpke, Andreas Speit, Christoph Links

Auch als ebook erhältlich

Die Deutsche Nationalbibliothek verzeichnet diese Publikation in der Deutschen Nationalbibliografie; detaillierte bibliografische Daten sind im Internet über www.dnb.de abrufbar.

2., aktualisierte Auflage, November 2019

Schönhauser Allee 36, 10435 Berlin, Tel.: (030) 44 02 32-0
www.christoph-links-verlag.de; mail@christoph-links-verlag.de
Umschlaggestaltung: Nadja Caspar, Ch. Links Verlag,
unter Verwendung eines Fotos aus Jamel (Hans Pfeifer)
Satz: Eugen Bohnstedt, Ch. Links Verlag
Druck und Bindung: Druckerei F. Pustet, Regensburg
Gedruckt auf säurefreiem, alterungsbeständigem Papier

ISBN 978-3-86153-986-5

Inhalt

Anhang

Landgewinnung

Einleitung

Sie kaufen Gutshöfe, siedeln sich mit Familien und Gleichgesinnten in entlegenen Regionen an. Sie bewirtschaften Bauernhöfe, pflegen Land und Vieh, ökologisch und artgerecht, bringen sich in Vereinsleben, Eltern- und Umweltinitiativen ein, bemühen sich um Gemeinwohl, Kultur, Naturschutz. Sie pachten Jagdgründe, hegen den Wildbestand und pflegen den Wald. Der Aktionsrahmen extrem rechter Akteure mit unterschiedlichstem politischem Hintergrund ist vielfältig, doch die Handlungsmuster ähneln sich. In ländlichen Regionen suchen die Neuen eine persönliche Akzeptanz, die zu einer politischen Zustimmung führen soll. Sie ziehen in Gebiete, wo viele Menschen abwandern. Dort hoffen sie, sich ohne starken Widerstand festsetzen zu können und die politische Atmosphäre zu ändern.

Diese Strategie, durch Landnahme im vorpolitischen Raum eine kulturelle Hegemonie zu gewinnen, hat eine weitere politische Intention: Sie wollen mit ihren Familien auch ihre völkisch-nationalistische Weltanschauung praktisch leben, ihre Kinder in der Natur und in ihrem Geiste erziehen, Brauch- und Volkstum wiedererwecken und oft Naturreligiosität ausleben. Sie machen nicht auf Ökologisch, weil »öko« gerade im Trend ist, sie wenden sich nicht der ländlichen Region zu, weil Landleben wieder attraktiv erscheint, sie bauen nicht ökologisch an, weil der Markt boomt, sie streben auch nicht nach einer alternativen Lebensform, weil zurückhaltender Konsum als chic gilt. Sie werden nicht »grün«, weil »grün die neue Normalität« sei, wie Robert Habeck von Bündnis 90/Die Grünen meint. Für die Völkischen, die Verfechter einer elitären deutschen Gesinnungsgemeinschaft, spiegelt die angestrebte Lebensweise auf dem Lande die eigene

Weltanschauung wider. Das Private ist politisch, und das Politische ist privat. Sie sind nicht einfach radikale Nationalisten, sondern beharren auf jahrhundertealter, vermeintlich deutscher heldenhafter Geschichte, die wieder Gegenwart werden soll. Begangene Verbrechen werden ausgeblendet. Die Dimension ihres Vorgehens wird bislang unterschätzt. Vor Ort erscheinen den Nachbarn die völkisch Denkenden und Handelnden oft nur als »Alternative« mit vermeintlich humanistischen Motiven.

»Wir dachten, das sind Ökos, also Linke«, berichten Anwohner über neue Nachbarn. »Die sehen doch auch so aus, in ihren selbstgemachten Klamotten«, wird nachgesetzt. In der Natur zelebrierte Brauchtumsfeiern älterer Siedlergemeinschaften werden als schöne Abwechslung wahrgenommen und gern besucht. Hauptsache, die Zugezogenen zeigen sich heimatverbunden und bodenständig, nicht abgehoben und städtisch. Ehrenamtliches Engagement wird ohnehin – ganz unpolitisch – begrüßt. »Die machen hier wenigstens noch was«, sagen Dörfler ähnlich gleichlautend in Niedersachen und Schleswig-Holstein. Gemeinderäte und -verwaltungen in Mecklenburg-Vorpommern und Sachsen-Anhalt zeigten sich anfänglich erfreut, als »junge Familien« alte Höfe, verfallene Gemäuer oder ein geschichtsträchtiges Rittergut erwarben. Bereits die Tatsache, dass junge Menschen mit Familie überhaupt in überalterte Gemeinden ziehen, bringt ihnen Sympathie entgegen. Erst viel später offenbaren sich den Kommunen die Folgen. Die Erleichterung über den Verkauf schwer absetzbarer Immobilien weicht vielerorts der Erkenntnis, dass aus Höfen und Gemäuern »nationale Ansiedlungen« oder neu-rechte Bildungseinrichtungen wurden.

Vor rund 20 Jahren zogen zahlreiche Mitglieder und Anhänger der *Nationaldemokratischen Partei Deutschlands* (NPD) nach Mecklenburg-Vorpommern, bauten Strukturen und Akzeptanz für die »nationale Bewegung« auf. Wenige Jahre später waren sie für zwei Wahlperioden im Landtag vertreten. Heute ist die *Alternative für Deutschland* (AfD) im Schweriner Schloss präsent, mit 20,8 Prozent gelang 2016 der Einzug als zweitstärkste Partei ins Parlament. Diese Stimmen kommen nicht nur aus dem rechten Milieu. Die Wahlkreisanalysen zur nachfolgenden Bundestagswahl 2017 offenbarten, dass die AfD in West und Ost von einer lokalen politischen Kultur profitiert, in der sich Rechtsextremismus und Demokratieverdrossenheit normalisiert haben. Die Studie »Persistence and Activation of Right-Wing Political Ideology« von Davide Cantoni, Felix Hagemeister und Mark Westcott belegte 2019 sogar noch einen viel weiter zurückreichenden Zusammenhang. Die Wissenschaftler verglichen das Wahlergebnis der AfD bei der Bundestagswahl 2017 in den rund 11 000 Gemeinden in Deutschland mit den Wahlerfolgen der NSDAP in den 1930er Jahren. Das Ergebnis kurz und knapp von Historiker Davide Cantoni von der Ludwig-Maximilians-Universität skizziert: »Man sieht, dass es eine starke Korrelation gibt zwischen den Orten, in denen in den Dreißigerjahren vermehrt NSDAP gewählt wurde, und Orten, in denen heutzutage stärker die AfD gewählt wurde.« Dort, wo die NSDAP vor 80 Jahren erfolgreich war, ist es heute die AfD. Die Studie erklärt nicht alle Ursachen für den Wahlerfolg der AfD, möchte das auch nicht, sie bestätigt aber die Weitergabe (Persistenz) einer »kulturellen Tradition von rechtsgerichtetem, rechtspopulistischem Denken« über viele Generationen. Seit Jahren sei wissenschaftlich dargelegt, so Cantoni, dass eine Beziehung zwischen den Einstellungen von Eltern und Kindern besteht. Ein Bruch wäre eher untypisch. Der 68er-Konflikt zwischen Eltern und Kindern war eine Ausnahme einer Nachkriegsgesellschaft, die verdrängte. Diese Kontinuitäten würde sich »häufiger und stärker in kleineren Ortschaften im ländlichen Raum« finden.

Völkische Landnehmer bewegt – heute wie einst – ein bestimmtes Volks-Verständnis. Der »wesentliche Bestandteil des völkischen Nationalismus« ist »ein Verständnis von Nation auf der

Basis ethnischer Homogenität«, erklärt Helmut Kellershohn vom Duisburger Institut für Sprach- und Sozialforschung (DISS). Diese homogene »Volksgemeinschaft« erhalte eine Vormachtstellung gegenüber Individuen, so der Rechtsextremismusexperte, »hinzu kommt ein autoritäres Staatsverständnis mitsamt Elite- und Führerkult, die Heroisierung opferbereiter Volksgenossen, Freund-Feind-Denken und ein biopolitisches Verständnis des ›Volkskörpers‹.« Völkischer Nationalismus – ob von AfD oder NPD vertreten – sei im Kern populistisch, wenn, statt komplexe Sachverhalte zu erklären, vermeintlich klare Feindbilder geliefert werden – von »die da oben« bis zu »den Fremden«, »den Altparteien«, »den Medien« oder »den Gutmenschen«. Von »Rassen« bemühen sie sich im öffentlichen Diskurs nicht mehr zu reden. Sie sprechen jetzt von Ethnien. Diesen sogenannten Ethnopluralismus, den vor Jahren die Neue Rechte entwarf, hat längst das gesamte Milieu rechts von der Union verinnerlicht. Die Grundidee besteht darin, dass jede Ethnie ihren angestammten Lebensraum hätte, mit einer besonderen Ausprägung von Identität und Kultur, Tradition und Werten, die zu bewahren und zu beschützen seien. »Heimat tut gut« titelte im Juni 2018 die weit rechte Zeitschrift »Compact – Magazin für Souveränität«. In dem 66-seitigen Monatsmagazin definiert Rüdiger Lenhoff die Heimat über »drei Dimensionen«: Sie sei ein »Ort, an dem man sich in vertrauter Umgebung mit traumwandlerischer Sicherheit« bewegen könnte, sie sei »ein Gefühl, das Wärme, Halt und Kraft« gebe, und sie stünde »für eine menschliche Gemeinschaft, in der man unter seinesgleichen ist und sich nicht erklären« müsste. Diese Deutung von »Ort, Gefühl und Gemeinschaft« könnte auch »auf die drei Begriffe von Natur, Geschichte und Volk« gebracht werden, schreibt Lenhoff, Historiker und »Alter Herr« einer Burschenschaft. Im Artikel des Magazins, welches Jürgen Elsässer verantwortet, bleibt der Begriff von »seinesgleichen« bewusst vage formuliert.

Der neu-rechte Publizist und Verleger Götz Kubitschek wurde

da schon deutlicher. Kubitschek, ein enger politischer Mitstreiter von Elsässer, legte bereits im November 2015 in »Compact« dar, dass die »politisch-mediale Klasse« einen »Volksaustausch« bejahen würde, indem sie nach dem Muster handeln würde: »Unser Volk wird alt, unser Volk hat keine Kinder mehr: Wir müssen dringend frisches Blut zuführen.« Kubitschek wirft dieser »Klasse« vor, ihr wäre es »vollkommen egal«, »welches Blut« dabei ins Land käme. Diese Vorhaltung fällt auf ihn zurück, denn sie offenbart die unheilvolle biologistische Weltsicht – ein Rückfall in die uralte völkisch-nationalistische Rhetorik.

Völkische Siedler und das dazugehörige Milieu der antimodernen Aussteiger planen nicht von Wahlperiode zu Wahlperiode, sondern denken in viel größeren Zeiträumen. Es geht ihnen um eine nachhaltige politische Wende, um das »Ende der Party«, wie es ein führender Kader der *Identitären Bewegung* in einem Image-Video mit den Worten von Götz Kubitschek formuliert.

Trotz aller Unterschiede eint sie alle der Glaube, dem deutschen Volk stehe eine »Überfremdung« durch Zuwanderung und Islamisierung bevor, die es in seiner ganzen Existenz bedrohe. Sie verbreiten das Angst- und Horrorszenarium einer kulturellen Machtübernahme gegen das »Deutsche«, wodurch die vermeintlich biologische Substanz des Volkes nachhaltig zerstört werde. Ihre Schlagworte dazu lauten: »Umvolkung« und »Der große Austausch«. Ausgeblendet wird dabei die Tatsache, dass die Bundesrepublik längst ein Einwanderungsland ist und es niemals nur die eine homogene deutsche Kultur gab.

In dem Buch »Revolte gegen den Großen Austausch« hat der französische Schriftsteller Renaud Camus die vermeintlich massenhaften Einwanderung nach Europa als »großen Austausch« bezeichnet und einen Kampfbegriff kreiert, den die digitalen Mediennetzwerke der Szenen weiter popularisierten und der bei den Nutzern sofort Assoziationen von persönlicher Bedrohung weckt. Die Verbreitung in Deutschland hatte insbesondere

Götz Kubitschek beschleunigt. Sein Antaios Verlag publizierte den Essay des französischen Neu-Rechten-Vordenkers in deutscher Übersetzung. In der Rhetorik des gesamten, weit rechten Parteienspektrums von der AfD bis zur NPD ist der Terminus längst durchgesetzt. Diese Verschwörungstheorie, die davon ausgeht, dass die Eliten in Wirtschaft, Politik und Medien diese »Umvolkung« betreiben würden, vertritt überdeutlich Björn Höcke. Der Landtagsfraktions- und Landesvorsitzende der AfD in Thüringen hat mit dem völkisch-nationalistischen »Flügel« eine enorme Hausmacht in der Partei, die zudem über die Parteigrenzen hinweg verankert ist. Innerhalb der Partei soll nach einer konservativen Einschätzung ein Drittel der Mitglieder dem »Flügel« nahestehen – etwa 11 000 Personen. Zu den Unterstützern von »Der Flügel« gehören zahlreiche einflussreiche Politiker der AfD. Die Bundespitzen, Alexander Gauland und Jörg Meuthen, stellen bis zum Juni 2019 keine Widersacher dar.

Die Sorge um »Austausch« und »Umvolkung« ist eng mit der Verlustangst von »Heimat« und »Identität« verwoben. In dem Gesprächsband »Nie zweimal in denselben Fluss« führt Björn Höcke gegenüber dem Kunstkritiker und Publizisten Sebastian Hennig 2018 aus, dass Heimat durch Sagen und Mythen, Bauwerke und Siedlungsformen, Herkunft und Abstammung eine »identitätsstiftende Funktion« habe. Gegenwärtig würde aber »unser Volk seine Seele und Heimat« verlieren. Der »nationale Selbsthaß« und die »Leugnung des Eigenen« hätten sich zu einem »Selbstauslöschungswahn gesteigert«. Höcke meint zudem, die »internationalen Finanzhaie«, der »moderne Kasino-Kapitalismus« und das »polit-mediale Establishment« forcierten eine »global-kapitalistische Verwüstung« mit dem »neoliberalen Migrationsdogma«, um u. a. das deutsche Volk zugunsten einer »ökonomisch brauchbaren Species abzuschaffen«.

Björn Höckes Äußerungen – oft unbewiesene Behauptungen – sollten als fundamentale Gesellschaftskritik von rechts verstanden werden. Der ehemalige Geschichtslehrer an einem nordhes-

Björn Höcke und Andreas Kalbitz (r.) bei einer AfD-Kundgebung in Neubrandenburg 2016

sischen Gymnasium sehnt sich nach einer wahren historischen Größe Deutschlands, denn aus seiner Sicht werde das »geschichtlich Gewachsene« dekonstruiert. »Wir erleben die finale Auflösung aller Dinge: von den Identitäten der Geschlechter und Ethnien, den Familien, den religiösen Bindungen über kulturelle Traditionen«, referiert Höcke.

Mit dem Gesprächsband möchte der rechte Verlag Manuscriptum angeblich »Missverständnisse« korrigieren, indem Höcke »selbst ausführlich zu Wort« kommen soll, heißt es im Klappentext. Der Verlag ist Teil der Manuscriptum Verlagsbuchhandlung von Thomas Hoof e. K. 1988 hatte der gelernte Buchhändler und ehemalige Geschäftsführer der Grünen in Nordrhein-Westfalen den Verlag unter dem Dach des Versandhauses Manufactum gegründet. In der »Zeit« wurde Hoof als Vorreiter einer »ökologisch nachhaltigen Konsumkultur« bezeichnet. Zehn Jahre nach der Gründung verkaufte Hoof den Versandhandel, behielt jedoch den Verlag.

In dem fast 300 Seiten starken Buch hinterfragt Sebastian Hennig kaum eine Aussage von Björn Höcke, jede Frage erscheint bloß als ein Entree für die nächste Positionierung. Der vermeintliche Fragesteller gehört selbst diesem Milieu zwischen *Pegida (Patriotische Europäer gegen die Islamisierung des Abendlandes)* und dem *Institut für Staatspolitik* (IfS) an, schreibt für die »Junge Freiheit«. Höcke führt unwidersprochen aus, dass die »politische Führung« neben dem verstärkten Schutz der nationalen und europäischen Außengrenzen auch ein großangelegtes Remigrationsprojekt betreiben sollte. »Und bei dem wird man, so fürchte ich, nicht um eine Politik der ›wohltemperierten Grausamkeit‹« herumkommen. Diese Eindeutigkeit spitzt sich noch zu: »Auch wenn wir leider ein paar Volksteile verlieren werden, die zu schwach oder nicht willens sind, sich der fortschreitenden Afrikanisierung, Orientalisierung und Islamisierung zu widersetzen«, ist Höcke sich sicher, dass »am Ende noch genug Angehörige unseres Volkes vorhanden sein werden, mit denen wir ein neues Kapitel unserer Geschichte aufschlagen können«. Die Sätze sind Kernthesen völkisch-nationalistischer Ideologie. Nicht bloß, dass alle Menschen, die nicht als Deutsche von ihm klassifiziert werden, das Land verlassen sollen, auch jene Menschen, die Einwanderer begrüßen, sind unerwünscht.

Die wahre »Volksgemeinschaft« glaubt Björn Höcke auf dem Land zu finden. Leidlich humoristisch wählt er den Vergleich zu den »tapfer-fröhlichen« Galliern, die sich in einem Comic gegen die römische Übermacht in ihren Dörfern zur Wehr setzten. »Wenn alle Stricke reißen«, würde man sich in ländliche Refugien zurückziehen, und »die neuen Römer, die in den verwahrlosten Städten residieren«, könnten »sich an den teutonischen Asterixen und Obelixen die Zähne ausbeißen«. Eines Tages, so Höcke, werde dann von diesen gallischen Dörfern »eine Rückeroberung« ihren Ausgang nehmen.

Das Dorf, der ländliche Raum, erscheint bei dem AfD-Politiker, der politisch und freundschaftlich mit Kubitschek verbunden ist, als autochthones Bollwerk und kultureller Schutzraum. In dem Milieu des neu-rechten *Instituts für Staatspolitik* in Schnellroda werden nicht bloß gedanklich Siedlungen als Widerstandsorte gegen Ent- und Überfremdung durch die moderne kapitalistische Markt- und Warengesellschaft anvisiert. Einzelne Projekte will der dem IfS nahestehende Verein *Ein Prozent für unser Land* um Philip Stein auch finanziell unterstützen. Die politische Idee der Landnahme durch Landbezug ist keine neue Vision.

Bereits 2007 hatte Götz Kubitschek, Mitbegründer des IfS, in einem Essay unter dem Titel »Leere Räume – Junge Männer« in der Zeitschrift »Sezession« dargelegt, wie rechte Pionierarbeit aussehen könnte. Am Beispiel seines eigenen Wohnortes, dem Dorf Schnellroda in Sachsen-Anhalt mit 205 Einwohnern, einem Landgasthof, Fußballplatz und Feuerwehr, erläuterte er die Verödung der Region, in der es eine sichtbare Zusammenrottung junger aggressiver rechter Männer gibt. Die herumhängenden Mitglieder NPD-naher Kameradschaften, »in ihrer Ausprägung so schillernd wie die Freikorps der ersten Weimarer Zeit«, will er aktivieren. Ihr Lehrplan müsste aus »Heimatbewußtsein, Lebensperspektive und Vertrauensbildung« bestehen. Kubitschek schlägt vor, die Schlag- und Tatkraft der Rechtsextremen in den kollektiven Wiederaufbau ostdeutscher Lande umzulenken. Leere Gehöfte und örtliche Kameradschaften seien vorrätig, es fehle nur derjenige, der es mit »Kraft, Ideen, Verantwortungsbewußtsein, Wagemut und Vorstellungsvermögen« aufgreift.

In nahezu allen Bundesländern bestehen Ansiedlungen von Rechten, die gemeinsam ihre Kinder erziehen, sich vor Ort ökonomisch, sozial und politisch vernetzen. Vor vierzehn Jahren, 2005, hatte die neu-rechte Wochenzeitung »Junge Freiheit« schon über den Zuzug einiger Artamanen in die Umgebung von Teterow und Güstrow in Mecklenburg-Vorpommern berichtet. Die Siedler sind heute vor Ort angekommen. Sie sehen aus wie alternative Aussteiger, sind in regionalen Bio- und Ökoproduktnetzwerken aktiv, üben alte und oft seltene Handwerke aus. Die Siedlungsidee der Artamanen reicht über die Weimarer Republik bis hin zum Wilhelminischen Kaiserreich.

»Was soll nun aus uns werden?«, fragte der völkische Naturwissenschaftler Willibald Hentschel 1923 die deutsche Jugend, er empfahl landwirtschaftliche Arbeit in *Artams*-Gruppen und löste deren Gründung aus. Mit dem »Zurück zur Scholle« wollten die Gruppen der damaligen Landflucht in Ostdeutschland entgegenwirken, die die Industrialisierung mit ausgelöst hatte. Damit sollte zugleich auch einer befürchteten Besiedlung durch »die Polen« entgegengewirkt werden.

Hentschel gehörte 1890 dem Vorstand der antisemitischen *Deutschsozialen Partei* an. Er hoffte, eine »neue völkische Oberschicht« bilden zu können, und verkündete rassenhygienische Menschenzuchtpläne. Die *Deutschsoziale Partei* zog bei der Reichstagswahl 1893 mit vier Mandaten in den Reichstag. Einem der Mandatsträger, Paul Förster, war es wie Hentschel ein Anliegen, vermeintlich schädliche Einflüsse der städtischen Zivilisation zurückzudrängen.

Die Bereiche Natur-, Heimat-, Tier- und Volksschutz denkt die völkische Bewegung schon seit dem 19. Jahrhundert eng zusammen. Ein Vierklang, der bis heute angeschlagen wird. Umwelt- und Naturschutz, Tierrechte und Veganismus waren schon früh mit antizivilisatorischen Effekten besetzt, bewegten sie gar. Diese heterogene Bewegung verstand sich als außerparlamentarische Kraft, was parteipolitische Bestrebungen jedoch nicht ausschloss. Sie war eine Gegen- und Suchbewegung zugleich, betonen Uwe Puschner, Walter Schmitz und Justus H. Ulbricht 1996 im »Handbuch zur ›Völkischen Bewegung‹ 1871 – 1918«. Sie lehnte die moderne Gesellschaft geprägt von Liberalismus und Humanismus ab, wehrte sich gegen industriellen Fortschritt und fortschreitende Urbanisierung. Gesucht wurde die natürliche Gemeinschaft, die durch »jahrhundertelange Überfremdungsprozesse« verschüttet gewesen sein sollte, um wieder die »ursprünglichen Wesens-

und Charaktermerkmale des Deutschen« zu erwecken. Sätze und Ideen, die heute weiter diese Kreise bewegen. Schon vor fast 150 Jahren wollten diese Aktivisten und Publizisten auch bestimmen, wer zum deutschen Volk dazugehören würde und dürfte. Als Feinde der »Volksgemeinschaft« waren jüdische Gläubige und beeinträchtigt Lebende schnell ausgemacht. Eine Gefahr ging für diese Bewegung zudem von allem Weiblichen und Homosexuellen aus. Heute beklagen die alten »Sippen«, jungen Siedler und rechten Ökos wieder eine »Verschwulung der Gesellschaft« oder die »Verweichlichung des Mannes«. Für sie waren und sind es angebliche Dekadenzerscheinungen eines unnatürlichen Zusammenlebens in der modernen Markt- und Warenwelt.

Die völkische Bewegung mit ihren Parteien und Kulturvereinen, Erziehungs- und Glaubensprojekten, Siedlungs- und Brauchtumsgruppen sowie ihrer Natur- und Tierschutzinitiative trieb ein antimodernes Projekt um. Als Antwort auf die Industrialisierung und Urbanisierung mit ihren radikalen Umwälzungen alles Altgegebenen hin zu unbekanntem Neuen erfolgte eine massive Rückwärtswende. Der modernen Entwurzelung des Einzelnen sollte damals schon eine Verwurzelung in der natürlich gewachsenen Gemeinschaft entgegengestellt werden. Anfang des 21. Jahrhunderts scheint die neue industrielle Revolution, die sich immer schneller anbahnende Digitalisierung der Lebens- und Arbeitswelt, erneut eine Sehnsucht nach überschaubaren Gemeinschaften aufkommen zu lassen.

»Wir sind das Volk« ist nicht bloß eine politische Selbstermächtigung, sondern längst auch eine definitorische Selbstanmaßung und ein vermeintlicher Selbstschutz. Die Globalisierung dürfte einen Rückzug in kleinere Einheiten – vermeintlich sicher und verbindlich – mit ausgelöst haben. Die gegenwärtige Umwälzung unterscheidet sich allerdings gravierend von der früheren industriellen Revolution: Das Tempo ist beschleunigter, die Dimensionen sind weitreichender. Diese rasante Modernisierung –

kaum gebremst durch politische Steuerung – befeuert autoritäre Versuchungen. Die Nationalisten versprechen indes Sicherheit und Ordnung, Lebens- und Zukunftsplanung. Im »ökonomischen System des globalisierten Kapitalismus«, warnt Wilhelm Heitmeyer, würde das »Zusammenwirken von autoritärem Kapitalismus, sozialen Desintegrationsprozessen und politischer Demokratieentleerung« Angriffe auf eine liberale Demokratie verstärken. Die Ökonomisierung aller Lebensbereiche, so der Soziologe in der Studie »Autoritäre Versuchungen« 2018, führe in den sozialen Bereichen zu Desintegrationsängsten, die ein persönliches Bedürfnis nach einem »kulturell-politischen Identitätsanker« hervorbrächten. Die Suche nach Identität und den Bezug zur Heimat hat längst die Mitte der Gesellschaft erfasst. Im Diskurs gewännen die Abwehrmechanismen dieser »rohen Bürgerlichkeit« mehr und mehr an Relevanz. Und Wilhelm Heitmeyer weist auf Ralf Dahrendorf hin. Schon 1997 überlegte der deutsch-britische Politiker und Wissenschaftler, inwieweit mit der Globalisierung ein »Jahrhundert des Autoritarismus« für das 21. Jahrhundert keine »unwahrscheinliche Prognose« sei. Diese Entwicklung sah er für möglich an, wenn das Gleichgewicht zwischen ökonomischer Globalisierung, sozialem Zusammenhalt und demokratischen Strukturen nicht gegeben ist. Seine Sorge, geäußert in der Wochenzeitung »Die Zeit« vom 14. November 1997, kurz zusammengefasst: »Globalisierung bedeutet, dass Konkurrenz groß-, Solidarität kleingeschrieben wird.«

2010 warnte Wilhelm Heitmeyer vor einer längst existierenden »verdeckten Bewegung, die sich nicht auf der Straße zeigt, aber in den Mentalitäten aufgeschaukelt« würde. Dieser Bewegung fehlten noch die charismatischen Gestalten, die dieses Potenzial massenhaft aufgreifen könnten, da »der Lodenmantel« nichts mit der NPD zu tun haben wolle, gemeint war die bürgerliche Mehrheit. Im Februar 2013 wurde die AfD von einer Führungsgruppe um Bernd Lucke und Alexander Gauland gegründet, im Oktober 2014 marschierte erstmals *Pegida* auf, getragen von einem »Orga-

Team« um Lutz Bachmann. Zeitgleich mobilisierten militante rechte Hooligans, spielten sich als alternative Schutzmacht auf. Die Bewegung von rechts ist da – sichtbar und wählbar – und inzwischen auch parlamentarisch vertreten.

Die fortschreitende soziale Spaltung bestärkt nicht allein die persönlichen Hinwendungen zu autoritären Versuchungen. Das Schwinden geopolitischer Strukturen, die militärischen Konflikte, die Flüchtlings- und Migrationsbewegungen auslösen, forcieren sie ebenso. Dass diese Fluchtbewegung nach Europa auch den immer öfter aufkommenden Klimakatastrophen geschuldet ist, wird ignoriert. Die Erwärmung des Klimas durch Industrie, Treibgase und Autos streiten Protagonisten aus diesem Milieu zum Teil ab, per sozialen Medien beteuern sie, es handele sich um einen »übertriebenen Umweltwahn«. In der AfD wird behauptet: »Kohlendioxid (CO_2) ist kein Schadstoff, sondern ein unverzichtbarer Bestandteil allen Lebens«, und in der »Jungen Freiheit« wird gefragt, woher die Gewissheit käme, dass die stattfindende Klimaerwärmung eine »menschengemachte« sei.

In diesem Milieu werden die jüngsten Schülerproteste jeweils am Freitag an vielen Orten weltweit gegen die Gefahren des Klimawandels, ausgelöst durch die junge schwedische Aktivistin Greta Thunberg, als »irrationale postpubertäre Kollektivwallung« ausgemacht. Die Heimat wollen die Rechten schützen – den Planeten nicht. Ein weiterer Widerspruch wie so viele in dieser Szene, in der auch die Ignoranz von Fakten Kalkül hat.

Die eigenen Mahner aus den Anfängen der völkischen Bewegung, die sich früh zur ökologischen Entwicklung äußerten, werden außer Acht gelassen. Denn Technikkritik fand sich auch bereits bei den Vordenkern der heutigen extremen Rechten, bei den Protagonisten der »Konservativen Revolution« nach dem Ersten Weltkrieg. So warnten die Brüder Friedrich Georg und Ernst Jünger vor den Auswirkungen der Moderne auf Mensch und Natur. In »Perfektion der Technik« führt Friedrich Georg Jünger 1946 aus, dass nicht der Anfang, sondern das Ende die Last der Zerstörung von Mensch und Natur trage. Ernst Jüngers Antimodernismus, schreibt Oliver Jahraus im »Kursbuch« 3/2019, habe sich zur Technikkritik gewandelt, die auch Natur und Naturschutz mit einbeziehe. In »Der Waldgang« hatte der nationalistische Schriftsteller Jünger 1951 ein ökologisches Denken entworfen, als er den Wald und die Natur zu einem »geschichtsphilosophischen Faktum« werden ließ. Provokant wirft der Professor für Neuere Deutsche Literatur und Medien die Frage auf, inwieweit Ernst Jünger »eher ein Wegbereiter des Nationalsozialismus oder aber ein Vorläufer der ökologischen Bewegung« gewesen ist. »Hier kann man das eine nicht gegen das andere ausspielen«, mahnt Jahraus. Und deutet damit auch die bis heute bestehenden Ambivalenzen in der Öko- und Umweltbewegung an.

Die Vordenker der alten Sippen, jungen Siedler und rechten Ökos verstanden Natur-, Umwelt- und Tierschutz auch als Abwehr von Emanzipation, Humanismus und Egalität. Der Schutz des Volkes als vierte Schutzbestrebung führte und führt zum völkischen Nationalismus. Der Appell an Identität und Heimat bedarf keiner historischen Fakten, er bedarf vielmehr »verdichteten Gefühlen«, betont Heitmeyer – eine Emotionalität, der ein »aggressiver Kompensationsmechanismus« innewohne, da eine »Sicherheit in unserer ambivalenten Moderne« grundsätzlich nicht gegeben sei.

Diesen antimodernen Ton schlägt Höcke immer wieder an. »Wenn die Moderne zu einer Entwurzelung der Menschen geführt hat, so ist eine neue Bodenständigkeit zu fordern.« Und: »Wenn die Moderne die Heimatbindung gekappt hat, gilt es, die Heimat als Raum der Geborgenheit und Lebensentfaltung wiederzuentdecken.« Die »Entzauberte Welt« (Max Weber) durch Ratio und Aufklärung müsste durch eine »Wiederverzauberung der Welt« schnellstens beendet werden, so Höcke, der auch gleich eine militante Androhung ausspricht: »Wenn einmal die Wendezeit gekommen ist, dann machen wir Deutschen keine halben Sachen«, erklärt der AfD-Politiker in dem genannten Gesprächsband. »Der Patriotismus des Deutschen«, schrieb Heinrich Heine 1833, »besteht darin, dass sein Herz enger wird, dass es sich zusammenzieht, wie Leder in der Kälte, dass er das Fremdländische hasst, dass er nicht mehr Weltbürger, nicht mehr Europäer, sondern nur ein enger Deutscher sein will.«

Im vorliegenden Buch wird dieses »Enger-Werden« durch die völkischen Landnehmer an exemplarischen Entwicklungen und einzelnen Vorfällen in verschiedenen Regionen der Republik aufgezeigt. Der Hass und die Hetze tauchen in allen Kapiteln auf. Diese Landnahme findet sowohl im geografischen als auch im vorpolitischen Raum statt. »Umweltschutz ist nicht grün« ist ein Slogan aus dem rechten Spektrum. Doch wie »braun ist« dieser Schutz? Die Frage der Grenzen wird immer wieder aufgeworfen. Ebenso die Frage der Bedrohung.

Am Freitag, dem 15. März 2019, stürmte Brenton Tarrant in Christchurch in zwei Moscheen, schoss ohne zu zögern mit Schnellfeuerwaffen auf die Gläubigen, 50 Menschen starben, 50 Menschen wurden verletzt. Knapp 18 360 Kilometer ist Neuseeland von Deutschland entfernt. Die Motive des Täters, der sich selbst als »Öko-Faschist« bezeichnet, liegen aber nicht so fern. Seine Angriffe hat er nicht bloß live im Internet übertragen. Im Netz veröffentlichte der 28 Jahre alte Australier auch ein »Manifest«. Nach einer Reise durch Westeuropa sei bei ihm 2017 die Idee eines Anschlages aufgekommen, schreibt er, da er von der »Invasion« der französischen Städte durch Zuwanderer schockiert gewesen sei. Der Titel seines gut 70 Seiten langen Pamphlets lautet »Der große Austausch«. Auch die *Identitäre Bewegung* benutzt diese Begrifflichkeit synonym für eine angeblich gesteuerte Masseneinwanderung nach Europa. Im April wurde bekannt, dass Tarrant wenige Monate zuvor eine 1500-Euro-Spende an das Gesicht dieser Szene, den Österreicher Martin Sellner, überwiesen hatte. Bereits zuvor waren rechtsextreme *Identitäre* in Frankreich mit 2000 Euro bedacht worden.

Das rechte Milieu in der Bundesrepublik sucht die politische Distanz zu dem bekennenden Öko-Faschisten. Doch die vermeintliche Angst vor der »Überfremdung« hat auch hier zu brutalen Taten geführt. Für das Jahr 2017 registrierte das Bundeskriminalamt 19 467 Straf- und Gewalttaten, allein 1054 persönliche Übergriffe und Angriffe. (Anfang 2019 liegen noch keine aktuellen Daten für 2018 vor.) Die Zahlen, hinter denen sich menschliche Schicksale verbergen, sind seit Jahren umstritten. Während die Bundesregierung von 83 getöteten Menschen durch rechte Täter seit 1990 ausgeht, nennen zivilgesellschaftliche Initiativen mindestens 169 Opfer.

In diesem völkischen Milieu ist eine Partei der besondere Feind: Bündnis 90/Die Grünen. Dass der Grünen-Bundesvorsitzende Robert Habeck vor einiger Zeit erklärte, dass er mit »Vaterlandsliebe« und Deutschtümelei nichts anzufangen wisse, vertiefte die Anfeindungen von rechts noch. Die Unterscheidung von Habeck zwischen Volk im Sinne von »völkisch« oder »Umvolkung« und andererseits »Staatsvolk«, welches die Gesamtheit der Staatsangehörigen umfasst, wird von vielen Rechten vehement abgelehnt. Deutscher könne deren Verständnis nach niemand allein durch den Erhalt eines deutschen Passes werden.

Mit ihrem Engagement für Einwanderer und Geflüchtete, heißt es von rechter Seite, hätten die Grünen sowohl Natur und Tiere als auch Volk und Heimat verraten. Das Eintreten für die Gleichberechtigung von Geflüchteten ebenso wie von Frauen, Trans- und Intersexuellen betrachten sie als eine Haltung »wider die Natur«. Dabei gehören vielfältige Lebensentwürfe und -orientierungen zu einer lebhaften, kreativen pluralistischen Gesellschaft – sind nicht widernatürlich, sondern menschlich.

Seit dem 19. Jahrhundert suchen nicht bloß Völkische und rechte Ökos nach einem Leben im Einklang mit Natur und Umwelt. Die Idee, sich auf dem Lande niederzulassen, um weitgehend autark und nachhaltig zu leben, sich womöglich technischen Entwicklungen zu verweigern, alte Tiergattungen zu züchten und artgerecht zu halten oder traditionelles Handwerk auszuüben und ökologischen Produkte anzubieten, trieb schon früh die traditionelle alternative Szene an. Die Kritik an einer stetigen Wachstumsgesellschaft ist längst nicht mehr nur in einem links-alternativen Milieu verhaftet. Sie geht alle an, ein Umdenken ist geboten.

Die Homogenisierungsbestrebungen der völkischen Landnehmer weisen jedoch keinen alternativen Impuls auf, sondern offenbaren eine reaktionäre Intention, die mit der Rettung der »Volksseele« weit über konservative Ideale hinausgeht.

Die angestrebte völkische Vereinnahmung lässt sich nicht mit Gesprächsangeboten an deren führende Protagonisten und Ideologen stoppen, denn diese wollen nicht über eine offene Gesellschaft reden, sondern diese komplett umwälzen und in Teilen gar durch eine straff hierarchische, völkische Gesinnungsgemeinschaft ersetzen, in der das Grundrecht auf Gleichheit aller Menschen nicht mehr gilt.

Ein kritischer Dialog auf breiter gesellschaftlicher Ebene ist dagegen dringend geboten. Er sollte in der eigenen Familie und dem Freundeskreis beginnen, in Umweltinitiativen, landwirtschaftlichen Kooperativen und Bio-Lebensmittelnetzwerken aufgegriffen sowie in veganen Kochgruppen, Tierschutzverbänden und alternativen Wohn- und Siedlungsprojekten weitergeführt werden.

Entgrenzungen

Rechte Jugendbünde, Identitäre und Alternative für Deutschland

Am Bahnhof fallen die Jugendlichen auf. Seit den Mittagstunden warten in der hektischen Betriebsamkeit an die 50 Mädchen und Jungen am Zentralen Omnibusbahnhof in Hannover auf die Weiterreise. Die Gruppe hebt sich nicht durch auffälliges Verhalten hervor. Es ist die farblose Altmodigkeit, die sie in dem bunten Gewimmel herbei- und vorübereilender Fahrgäste sichtbar werden lässt. Sie wirken losgelöst von ihrer Außenwelt, nur aufeinander konzentriert. Niemand spielt mit dem Mobiltelefon, ist mit seiner Musik allein für sich oder redet fortwährend in ein Headset. Erwachsene, die für Ruhe sorgen müssen, Befehle oder Rügen erteilen, sind nicht zu sehen. »So diszipliniert, das sind bestimmt Pfadfinder!«, mag mancher Vorbeieilende denken, doch sind weder Rastalocken noch bunte Peace-Aufnäher zu sehen. Diese Jugendlichen tragen unauffällige dunkle und graue Jujas, sogenannte Jungenschaftsjacken, mit einem Abzeichen am Oberarm. Ein Hinweis an der Anzeigetafel des Bahnhofs verrät ihre Zugehörigkeit. In gelber Leuchtschrift steht dort eingeblendet: »Der Freibund – 13:00 – Insel«. Es ist bereits weit nach ein Uhr an diesem 28. Dezember 2018, und die große Gruppe harrt geduldig am Steig 6 aus. Ein hölzerner Stock mit einer schwarzen Fahne lehnt an der Mauer des Bahnhofs, darauf ist eine aufgehende weiße Sonne erkennbar. Für den bündischen Verein *Freibund e. V.* symbolisiert die Sonne den »Urmythos unserer Kultur, die sich an ihrem Lauf orientiert«. Die schwarze Fahne ist eigenen Angaben zufolge das Zeichen »des Widerstandes gegen alle Fremdbestimmung«. Die Organisation legte den belastenden Beinamen *Bund Heimattreuer Jugend* (BHJ) bereits vor Jahren ab und ist seither bemüht als ›heimatliebender Jugendbund‹ ohne politische Moti-

Identitäre Aktivistin begrüßt ankommende Freibünder auf dem Busbahnhof in Hannover

vation durchzugehen. Doch der BHJ war mit der rechtsextremen Szene verwoben. Allein die gesungenen Lieder des *Freibundes* widersprechen dieser Tarnung, so lautet ein Refrain aus dem Liederbuch von 1995: »Hinter uns liegen die Trümmer, stehen die Toten bleich. Vor uns da leuchtet Europa, in uns marschieret das Reich.« Die »Winterfahrt« des *Freibundes* über Neujahr 2019 auf die niederländische Insel Ameland bestätigt den Verdacht, dass der um einen harmlosen Anstrich bemühte Jugendbund weit rechts steht. Denn auf der Reise in die Jugendherberge werden die zahlreichen Minderjährigen von jungen Erwachsenen betreut, unter denen sich Aktivisten der rechtsextremen *Identitären Bewegung* (IB) befinden. Diese selbsternannte »Jugend ohne Migrationshintergrund« lockt als politische Gemeinschaft abseits des Mainstreams. Sie bietet einem frühzeitig ideologisierten Nachwuchs die passende politische Heimat. Die *Identitäre Bewegung* Deutschland hat bei YouTube rund 18 000 Abonnenten, Martin Sellner, einer der führenden Kader, sogar über 93 600. Bestimmte Videoclips werden mehr als 300 000-mal aufgerufen. Die IB, die durch Aktionen im vorpolitischen Raum Debatten und Diskurse beeinflussen will, spricht vom »großen Austausch« der ureigenen Bevölkerungen in Europa, vollzogen durch »Fremde«. Begünstigt durch Regierungen wie die der Bundeskanzlerin Angela Merkel werde die Islamisierung vorangetrieben und das deutsche Volk verdrängt. In internen Strategiepapieren legt die selbsternannte »radikale Avantgarde« offen, dass die »Islamisierung« ihr PR-Thema sei, zu den Kernthemen gehöre aber auch die Betonung der »Ökologie« und die Kritik an »Konsumismus und Globalisierung«. Den »Liberalismus« machen sie – wie die gesamte Neue Rechte – als den fundamentalen Sündenfall aus.

Die jungen Leute der *Freibund*-Fahrt kennen einander, begrüßen sich per Handschlag. Zwei Mädchen umarmen sich innig. In der großen Reisegruppe sind Geschwisterpaare, Cousins und Cousinen. Eine junge Dunkelhaarige mit dickem Wollschal hat sich ihren Beutel aus Leinen über die Schulter gehängt. Es ist eine Werbetasche der »Jungen Freiheit«, einer neu-rechten Wochenzeitung. Ruhig vertreiben sich die Mädchen die Zeit mit Schnick, Schnack, Schnuck. Einige haben Gitarren und andere Instrumente dabei, die lehnen eingepackt neben den an der Wand aufgestapelten »Affen« und »Fahrtenbären«, wie Rucksäcke in der Welt der Bündischen genannt werden. Wiebke, mitverantwortlich auf der *Freibund*-Fahrt, hakt gewissenhaft Namen auf einer Liste ab. Die junge Frau aus Süddeutschland ist Flugbegleiterin bei der Lufthansa, hat in Ludwigshafen studiert. Bei Facebook likt die freundliche Bündische die Fußballspieler Bastian Schweinsteiger und Toni Kroos ebenso wie den »Moorschmied«, einen extrem rechten ehemaligen Waldorflehrer aus Nordrhein-Westfalen mit eigener Schmiede in Niedersachsen. Am Busbahnhof trägt die junge Frau mit der blonden Zopffrisur und dem schwarzen knielangen Rock ein Buch unter dem Arm: »HC Strache – Vom Rebell zum Staatsmann«. Erschienen ist das Buch im österreichischen Leopold Stocker Verlag, der bereits antisemitische und rassistische

Schriften veröffentlichte. Es ist eine Biografie des österreichischen Vizekanzlers, die es in sich hat, denn Heinz-Christian Straches politische Wurzeln reichen bis ins paramilitärische braune Lager. Mitte der 1980er Jahre besuchte der heutige Chef der Freiheitlichen Partei Österreichs (FPÖ) Zeltlager der neonazistischen *Volkstreuen Jugend Offensive.* 1989 war der junge Österreicher auf dem Weg zu einem »Mahnfeuer« der deutschen *Wiking-Jugend,* als seine Gruppe von der Polizei gestoppt wurde. Die militante Nachfolgeorganisation der Hitlerjugend wurde fünf Jahre später verboten. Ein »Neonazi« aber will Strache nie gewesen sein, gab er Medien gegenüber an, die ihn mit seiner politischen Vergangenheit konfrontierten. Straches Karriere schadeten die Enthüllungen nicht, im Nachbarland Österreich sind völkische Verbindungen längst im politischen Machtzentrum angelangt.

»Willkommen im Reich der bewegten Jugend« heißt es auf der Homepage von *Der Freibund.* Die »Gefährtenschaft« sieht sich offiziell als »ein Freiraum in unserer Gesellschaft, in dem wir unser Leben nach einer ganzheitlichen Vorstellung verwirklichen wollen«. Freibünder wollen »Menschen der Tat« werden und bezeichnen ihr Miteinander als »Kameradschaft«. Organisationen wie der *Freibund* oder der *Sturmvogel – Deutscher Jugendbund* übernehmen heute einen wichtigen Teil der Erziehungsarbeit im nationalen Lager. »Der Bund ist kein Selbstzweck«, heißt es 1997 in der *Freibund*-Zeitung »na klar«. »Immer haben wir betont, daß wir durch ihn in die Gemeinschaft unseres Volkes hineinwirken wollen.« Ein Videoclip über ein »Winterlager« des *Freibundes* 2007 wurde bislang über 22 000-mal angeschaut.

Auffälligere Jugendorganisationen wie die *Wiking-Jugend* oder die *Heimattreue Deutsche Jugend* (HDJ) wurden wegen ihrer Wesensverwandtschaft mit dem Nationalsozialismus vom Bundesinnenministerium in Berlin verboten. Rechte Jugendbünde bemühen sich seither, wenig Angriffsfläche zu bieten. Der organisierte Kinderdrill soll unantastbar bleiben und weiterhin im

Ausschnitt aus dem Freibund-*Jahreskalender 2003*

Verborgenen laufen. Dabei sind insbesondere die rechtsextremen Verbindungen der Organisation *Sturmvogel – Deutscher Jugendbund* offensichtlich. So räumte die ehemalige Präsidentin des niedersächsischen Verfassungsschutzes, Maren Brandenburger, Ende 2017 in der TV-Dokumentation »Völkische Siedler – Schattenwelten auf dem Land« ein, dass sich HDJ- und *Sturmvogel*-Veranstaltungen ähneln würden und ihre Behörde das daher »sehr ernst« nähme. Doch passiert ist bisher nichts. Warnungen und Aufklärung vonseiten der Verfassungsschutzbehörden im Hinblick auf rechte Bünde sucht man vergebens. Bereits 2010 hatte die damals noch CDU-geführte niedersächsische Landesregierung mitgeteilt, eine Einstufung des *Freibundes* zum »Beobachtungsobjekt« wäre aufgrund der vorliegenden Erkenntnisse ebenfalls nicht gerechtfertigt. An der Einschätzung hat sich bis heute nichts geändert.

Die völkisch-nationalen Jugendbünde sehen sich in der Tradition der deutschen Wandervogelbewegung, die Anfang des 20. Jahrhunderts ihren Höhepunkt erlebte. Vor allem Sprösslinge aus bürgerlichen Kreisen des Kaiserreiches brachen aus, um gemeinsam mit Gleichgesinnten dem autoritären Druck zu entfliehen und eine Gegenkultur zum vorherrschenden Zeitgeist zu bilden. Romantisierte, patriotische Vorstellungen eines freien Wanderlebens verklären diese frühe Aussteigerbewegung bis heute. Die Bezeichnung »bündisch« ist an die Bündische Jugend der Weimarer Republik angelehnt, die sich von der Wandervogelromantik vor dem Krieg verabschiedete und ihren Fokus vor allem auf die Elitenbildung legte. Der Historiker Christian Niemeyer wies 2013 nach, dass ein wesentlicher Teil dieser historischen Jugendbewegung von Beginn an antisemitisch, antislawisch und intellektuellenfeindlich eingestellt war. In seiner Studie »Die dunklen Seiten der Jugendbewegung. Vom Wandervogel zur Hitlerjugend« verdeutlicht Niemeyer, wie viele Bündische später Mitglieder der NSDAP wurden, dem Nazi-Regime dienten und nach 1945 einen nicht geringen Teil der kulturellen Elite der BRD stellten. Heute lehnt der Großteil der bündischen Jugend Rassismus und Antisemitismus deutlich ab. Experten wie der Berliner Diplom-Sozialpädagoge und ehemalige Pfadfinder Jesko Wrede, Mitinitiator des Informationsportals Rechte-Jugendbuende.de weisen ausdrücklich auf die Bemühungen von Wandervogel, Waldjugend, Zugvogel und vielen anderen hin, sich nach rechts abzugrenzen. 2013 durften neben dem *Freibund* und dem *Sturmvogel* auch die *Fahrenden Gesellen* und die *Deutsche Gildenschaft* nicht am »Meißnerlager 2013« zum 100. Jubiläum des »freideutschen Jugendtages« teilnehmen. Verantwortliche aus den Reihen von Pfadfindern, Bünden und Wandervogelgruppen hatten die Gruppen zuvor als »völkischer Flügel der Jugendbewegung« eingestuft. Der »Freideutsche Jugendtag« war 1913 als Alternativveranstaltung zu »Hurrapatriotischen«, kriegsverherrlichenden Feierlichkeiten wie dem

Jubiläumsfest zur Völkerschlacht bei Leipzig ins Leben gerufen worden. Die völkischen Bünde aber, so Jesko Wrede, hatten sich schon damals der »Blut-und-Boden-Ideologie« verschrieben. Aus dem Ideal einer homogenen »Volksgemeinschaft« begangen die Nationalsozialisten ihre Verbrechen, die Millionen von Menschen das Leben kosteten. Innere und äußere Feinde einer arischen Gemeinschaft wurden erst bestimmt, ausgegrenzt und dann angegriffen. Heutige rechtsextreme Ideologie basiert ebenfalls auf einem Nationenverständnis, das sich auf ethnischer Homogenität gründet.

»Deutschland, Deutschland über alles« stellt in der Parallelwelt der Völkischen nicht nur eine Floskel in einem Lied dar, sondern ist politischer Grundsatz eines Lebens in »Sippen« und »Stammesverbänden« am Rande des bürgerlichen Mainstreams. »Antisemitismus war eine der Ursprungsquellen« völkischen Denkens vor 1933, hebt der Historiker Uwe Puschner von der Freien Universität Berlin hervor. Ab 1900 etablierte sich der »Völkische«-Begriff im deutschen Sprachgebrauch, so Puschner. Er stand für einen heterogenen Nationalismus in Deutschland mit einer spezifischen Weltanschauung. Der Brandenburger Spitzenkandidat der AfD bei den Landtagswahlen, Andreas Kalbitz, bezeichnete 2018 in einer Rede vor der Parteijugend Burschenschaften und die deutsche Jugendbewegung rückblickend als »erfolgreiche Konservative«. Der ehrgeizige AfD-Politiker ist Mitglied der schlagenden Schülerverbindung *Pennalen Burschenschaft Saxonia-Czernowitz,* war in der Vergangenheit bei der rechtsextremen Partei *Die Republikaner* und nahm 2007 an einem konspirativen Pfingstlager der *Heimattreuen Deutschen Jugend* im niedersächsischen Eschede teil. Kalbitz zitiert in seinem Vortrag ausführlich eine Textpassage aus dem Buch »Träumer, Streiter, Bürgerschreck«, erschienen im völkischen Kieler Arndt-Verlag. Die Quelle nennt der AfD-Politiker nicht. Die ist ohnehin in diesen Kreisen bekannt, denn der Autor ist Karl Höffkes, ein revisionistischer Zeithistoriker. Der produzierte übrigens

Andreas Kalbitz (links, im weißen Hemd) beim Pfingstlager der HDJ 2007 in Eschede

gemeinsam mit dem Schwiegervater von Andreas Kalbitz einen Film über die Wewelsburg, eine Ordensburg der verbrecherischen SS.

Es ist fast halb drei, als endlich der angemietete Reisebus mit Cloppenburger Kennzeichen vor Steig 6 stoppt. »Galatasaray« steht in schwarzen Großbuchstaben an der weißen Außenfläche des Fahrzeugs. Etwa zeitgleich biegt eilig ein blauer VW-Bus aus dem Landkreis Wolfenbüttel auf den Busbahnhof ein. Der bärtige Fahrer, der einen dicken Strickwollpullover trägt, ist spät dran. Neben ihm steigen eilig zwei Jugendliche aus. An Bord sind die Vorräte für das Winterlager des *Freibundes,* die in den Reisebus umgeladen werden müssen. Die Zeit wird knapp, die Reisegruppe muss am Abend die letzte Fähre zur Insel erreichen. Viele Hände helfen beim Verladen des Proviants. In der nächsten Woche werden sich die Jugendlichen selbst versorgen, einfaches Leben ist auf den Fahrten der Bündischen Usus. Lager und Fahrten im Kreis Verbündeter sind Kernelement ihres Verständnisses vom gemeinsamen »Bundesleben«. Nordisches Brauchtum wird zelebriert, dazu gehören die Sommer- und Wintersonnwenden, Erntedank- und Julfeste. Das Erlebnis von Extremsituationen, »erzeugt durch körperliche und geistige Belastung und durch Schlafmangel«, sollen das Gemeinschaftsbewusstsein im *Freibund* schärfen.

Jugendfahrten rechter Gruppierungen gehen auffällig häufig in ehemalige Gebiete des Deutschen Reiches wie Ostpreußen, Schlesien oder Südtirol oder in Länder wie Kroatien und die Ukraine, in denen es faschistische Verbündete gab. Völkisch heranwachsende junge Menschen erleben zwei Welten, die unterschiedlicher nicht sein können. Eine Autorin namens »Imke« lässt sich unter der Überschrift »Fahrtengedanken« in der Zeitung des *Freibundes* »na klar!« 2012 dazu aus: »Uni, das ist Lernen, Arbeiten, Feiern, Party und Unbesonnenheit.« Dieser Alltag aber werde irrelevant, sobald sie »mit den Kameraden zusammen« sei, für sie ist »das wahre Leben, das, das unser Dasein mit Sinn erfüllt«. Die Schreiberin fordert dazu auf, bündisches Lebensgefühl und Alltagserleben enger miteinander zu verknüpfen, auch wenn das nie ganz gelingen werde, »zu fremd« seien sich beide Welten. Nicht selten werden Völkische für »Ökos« gehalten, wenn sie naturwollene Kleidung tragen, sich vegetarisch ernähren oder biologisch-dynamischen Gemüseanbau betreiben. Eine Affinität zwischen diesen vorgeblich paradoxen Milieus spiegelt sich auch in der mehrere hundert Köpfe starken jungen und alten Anhängerschar des *Freibundes* wider.

Unter den älteren Freibündern fällt eine junge flachsblonde Frau auf. Sie wirkt sehr ruhig, ihre Haltung strahlt Disziplin aus. Das Tragen der Proviantkisten überlässt sie den jungen Männern des *Freibundes,* darunter der jüngere Bruder und ihr Freund Tilman. Sie fasst nicht mit an. »Alruna gibt gern das ›Burgfräulein‹«, frotzelte jemand aus ihrem Schulumfeld. An der grauen

Juja prangt das Abzeichen des Bundes, dazu trägt sie wie die anderen Mädchen der *Freibund*-Gruppe grobe Wanderschuhe und einen knielangen Rock, die »Kluft« des Bundes soll vor allem zweckmäßig sein. Ihr Freund Tilman trägt jagdgrüne Kleidung und einen breitkrempigen Hut. Wenn die beiden 18-Jährigen allerdings mit der *Identitären Bewegung* unterwegs sind, geben sie sich moderner. Denn die *Identitären* inszenieren sich als konservative, aber rebellische Jugend. Sie nutzen Großstädte für spektakuläre Aktionen, erklettern das Brandenburger Tor in Berlin oder chartern ein Schiff im Mittelmeer um ihre radikal migrationsfeindliche Politik durchzusetzen. Es geht den *Identitären* darum, den eigenen »Abstammungs- und Kulturkreis im Angesicht äußerer Bedrohungen zu verteidigen«, wie es in dem Buch »Kontra-Kultur« von dem *Identitären* Mario Alexander Müller formuliert wird. Mit der Parole »Heimatliebe ist kein Verbrechen« locken die *Identitären* genau den Nachwuchs an, der bereits in Familien mit nationalistischem Weltbild hineingeboren und seit der frühen Jugend in diversen rechten Bünden, Burschenschaften oder Vertriebenenorganisationen sozialisiert wurde.

Alruna trägt einen in diesen Kreisen sehr bekannten Nachnamen, denn ihre Eltern sind Götz und Ellen Kubitschek, genannt Kositza. Kubitschek gilt als »Spiritus Rector« der rechtsextremen *Identitären Bewegung* in Deutschland. Er ist Mitbegründer des *Instituts für Staatspolitik* (IfS), eine Art Denkfabrik, die auf die nationale Revolte zustrebt, deren Ziel eine autoritäre Gesellschaft ist. Vor über siebzehn Jahre gründeten Karlheinz Weißmann und er das selbsternannte Institut. Heute ist Kubitschek der Richtunggebende. Den offiziellen Vorsitz der Trägerorganisation *Verein für Staatspolitik e. V.* hat Erik Lehnert inne, der im Bundestag zudem für einen AfD-Abgeordneten tätig ist. Das historische Vorbild der Politik dieser Neuen Rechten aus dem Spektrum der Konservativen Revolution sind Intellektuelle wie Carl Schmitt oder Oswald Spengler, die nicht Nationalsozialisten sein mussten, um

Ausschreitungen bei einer Demonstration der Identitären *in Berlin 2017*

Hitlers Herrschaft den geistigen Boden zu ebnen. Auf dem Rittergut Schnellroda, etwa eine Stunde von Halle entfernt, hat das IfS seinen Sitz und das Ehepaar seinen Haushalt. Hier leben die Eltern mit einem Teil ihrer sieben Kinder aus mehreren Beziehungen. Dem Radiosender Deutschlandfunk Kultur berichteten die Kubitscheks 2016, sie seien 2002 bewusst in den Osten nach Sachsen-Anhalt gezogen, weil es dort kaum Ausländer gebe und noch ein deutscher Geist herrsche. Andere Sympathisanten und Bekannte zogen nach Mecklenburg, Sachsen-Anhalt oder Thüringen. Die Töchter der Familie haben »immer Röcke« zu tragen, »Fernsehen ist für alle tabu«, heißt es bei Deutschlandfunk Kultur. Wenn sich die Kinder den Regeln widersetzten, würden sie mit häuslichen Arbeiten bestraft. Alrunas Mutter, die Schriftstellerin Ellen Kositza, moderiert den »Kanal Schnellroda« bei YouTube. Ein Freund der Familie ist der thüringische AfD-Landesvorsitzende Björn Höcke.

Bei Aktionen oder Veranstaltungen der *Identitären Bewegung* ist oft mindestens eines der Geschwister mit dabei. Sie seien »widerständig« erzogen, umschrieb eine Tochter die Erziehung mit altmodischen Worten. Widerständig meint: gegen die Welt da draußen. Kritik nach innen ist nicht zu vernehmen. Einige der belesenen und musikalischen Kinder des Paares sind Internatsschüler, die nebenher die Lager des *Freibundes* besuchten. In der Freizeit werden sie im Schlepptau der Eltern bei politischen Events gesehen. Zum Beispiel wenn Götz Kubitschek zu einem Auftritt als Redner zur rassistischen *Pegida*-Demonstration nach Dresden reist, ist eines der Kinder dabei. Eine ganze Schar bis zur Jüngsten nimmt 2015 am Treffen des völkischen Höcke-»Flügels« der *Alternative für Deutschland* (AfD) am Kyffhäuser Berg in Thüringen teil. Die Kinder erleben dort die Aussperrung der Presse, hören zünftige deutsche Volksmusik und deftige Stammtischparolen. Als 16-Jährige gab Alruna gemeinsam mit der Halbschwester Yelka bei der Demonstration der *Identitären Bewegung* in Berlin 2017 ein kurzes Interview. Die beiden jungen Frauen gehörten zu einer kleinen Gruppe weiblicher Teilnehmer, die das Fronttransparent tragen durften. Sehr zielgerichtet antwortete sie einer TV-Reporterin auf die Frage, warum sie hier sei: »Wir halten es für das Richtige, hier für Deutschland zu kämpfen.« Ob Deutschland bedroht sei, hakte die Interviewerin nach? Das Mädchen antwortet wie eingeübt: »Ja, schon vom großen Austausch. Dass hier das deutsche Volk gegen andere Kulturen ausgetauscht wird.«

»Wer schreit, hat Unrecht« steht auf der Tafel, die der junge Mann gemeinsam mit anderen stillschweigend den Kameras entgegenstreckt. Tilman ist einer der *Identitären*, die sich auf der Buchmesse in Leipzig im März 2018 vor dem Stand des Antaios Verlages von Götz Kubitschek aufgestellt haben. Pressefotos zeigen ihn neben seiner Freundin Alruna, die ebenfalls eine Protesttafel in die Höhe hält. Die beiden sollen sich beim *Freibund* kennengelernt haben. Jetzt gehören sie zu denen, die sich dem angekündigten Protest der »Verlage gegen Rechts« entgegenstellen. Zuvor waren sie mit einer kleinen Gruppe um Kubitschek zu einer Podiumsdiskussion zum Thema »Über Rechte schreiben« gekommen, wo sie mit Zwischenrufen störten. Auf dem »Zeit«-Blog »Störungsmelder« werden die *Identitären* als Kubitscheks »eigene Soldaten vor Ort« bezeichnet. Unter ihnen seien Kampfsportler. »Störungsmelder«-Autor Henrik Merker war dabei, als Tilman, Alruna und die anderen ihre Tafeln hochhielten. Er erinnert sich: »Kubitschek kommandierte im Befehlston, wer welches Plakat nimmt, wann losgegangen wird. Einige Frauen bekamen Plakate in die Hand gedrückt für ein paar Fotos, danach übernahmen die Männer sie wieder.« »Der Punkt ist, daß wir unseren Anhängern ein Schweigegebot auferlegt hatten«, berichtet Ellen Kositza später bei »Sezession«, »wir und unsere Leute hielten stumm Schilder hoch.« Doch Alrunas Eltern sind es, die sich nicht an die Stille halten. Der zu cholerischen Ausfällen neigende Oberleutnant a. D. der Bundeswehr Götz Kubitschek brüllt die rund 200 Gegendemonstranten an. Zuerst sei Ellen Kositza, danach ihm »der Kragen« geplatzt, räumt er anschließend ein. Kubitschek ist sauer, weil seine Anwesenheit auf keinem der etwa 20 Podien gegen Rechts erwünscht gewesen sei. Auch Patrick Schröder aus Bayern steht an dessen Stand. Schröder organisiert Rechtsrockkonzerte, vertreibt die Kleidungsmarke Ansgar Aryan und ist Moderator des NPD-nahen Internetfernsehens FSN.tv. Zeugen berichten von Schubsereien durch die *Identitären*. »Wir nennen das, was wir heute Abend dann vier Tage lang gemacht haben werden, ›erweitertes Verlegertum‹: Bücher verlegen und ihnen gegen den erklärten und praktizierten Widerstand der ›Zivilgesellschaft‹ den Resonanzraum verschaffen, der ihnen gebührt«, schreibt Kubitschek am 18. März 2018 in »Sezession«.

Tilman und seine Freundin Alruna scheinen einen Geistes. Beide sind begeisterte Bündische. Sie übernehmen auch die Verantwortung für Jüngere beim Winterlager auf Ameland. Beide jungen

Leute sind musikalisch, introvertiert, ehrgeizig. In der Vorstellung erzogen, zur Avantgarde des Volkes zu gehören. Letztes Jahr nahmen sie an der »Großfahrt« in die Ukraine teil. Tilmans Brüdern soll das »Regiment« beim *Freibund* nicht gefallen haben, auch nicht, im Winter in einem Eisloch zu baden. Der schmächtige Waldorfschüler aber blieb dem Bund treu.

Tilmans Vater ist Allgemeinmediziner und in die Holocaustleugner-Szene um Ursula Haverbeck und Horst Mahler involviert. Bereits 2007 wurde er auf einer internen Unterstützerliste für Germar Rudolf geführt. Der rechtsextreme Geschichtsrevisionist Rudolf wurde wegen Volksverhetzung und Beleidigung zu einer Haftstrafe verurteilt, weil er entgegen der historischen Wahrheit den Holocaust als Erfindung der Juden dargestellt hatte. Der Vater des jungen Mannes, ein Anthroposoph, war zu dieser Zeit noch Schularzt einer Waldorfschule in Nordrhein-Westfalen. 2011 hielt der wegen Volksverhetzung verurteilte niedersächsische Mediziner und Mitbegründer der inzwischen aufgelösten *Europäischen Aktion,* Dr. Rigolf Hennig, Kontakt zu ihm. Holocaustleugner Hennig bat den ärztlichen Kollegen um die Verteilung von 600 politischen Plakaten.

Nationalsozialismus und heutiger Rechtsextremismus sind ohne die politische Vorarbeit durch zahlreiche Bünde, Gilden oder Landsmannschaften aus den 1920er Jahren nur schwer denkbar. Einige der Zusammenschlüsse haben eine über 100-jährige Geschichte, andere gründeten sich erst nach 1945. Antisemitische Tendenzen gab es bereits Anfang des 20. Jahrhunderts, in der Hochzeit bündischen Lebens. Der österreichische Wandervogel verbot schon 1913 »Slaven«, »Welschen« und Juden den Zutritt in seine Reihen, »weil wir, umbrandet von Fremden und durchsetzt von Mischlingen, unsere rassische Reinheit bewahren müssen«. Anders als die Burschenschaften setzte sich die historische Jugendbewegung keine staatspolitischen Ziele, sondern wandte sich eigenen Angaben zufolge den »inneren Fragen des Volkslebens«

zu. Auch Mädchen wurden aufgenommen, da sie den Hauptanteil an der »sittlichen Reinheit« trügen, hieß es. Aus rechter Sicht griff die Jugendbewegung in der Vergangenheit »volkspolitisch« und »volkswirtschaftlich« handelnd ein, so gab es Freiwilligendienste auf dem Lande.

Straffe Hierarchien und getrenntgeschlechtliche Aktivitäten kennzeichneten vor allem die völkisch-nationalistischen Bünde. Die NSDAP unter Adolf Hitler übernahm die Ideologie der vielschichtigen biologisch-rassistischen Bewegung und zum Teil auch deren Personal. Der Verein *Freibund e. V.* ging später aus dem in den 1960er Jahren gegründeten *Bund Heimatreue Jugend* (BHJ) hervor. 1962 wurde der BHJ ins Vereinsregister in Nürnberg eingetragen, er grenzte sich seit 1973 von zu offen rechtsextremen Gruppen wie der *Wiking-Jugend* (WJ) ab. 1990 kam der Namenszusatz *Der Freibund* hinzu, zwei Jahre zuvor war die Odalrune bereits durch die schwarze Fahne mit aufgehender Sonne als »Bundessymbol« ersetzt worden. Der Potsdamer Politikwissenschaftler Gideon Botsch weist darauf hin, dass diese Gruppierungen das Label »Wandervogel« nutzen, um sich einen unpolitischen Anstrich zu verleihen. Bünde wie der *Sturmvogel – Deutscher Jugendbund,* so Botsch, bieten aber für betroffene Kinder und Jugendliche eine »umfassende Schulung« an, die durchaus eine »ideologische Festigung« nach sich zieht. Auch die beiden verbotenen Gruppierungen WJ und HDJ, erklärt Botsch, verbanden bündische Elemente mit nationalsozialistischem Gedankengut. »Gruppen wie sie versuchen, die historische Jugendbewegung für sich zu vereinnahmen«, resümiert der Kenner der Szene. Ziel sei es, Kinder und Jugendliche gegen die bundesdeutsche Gesellschaft zu immunisieren.

»Zuerst einmal wollen wir an einer rechten Milieubildung mitarbeiten«, schrieb der Freibünder und Gründer des nationalen Jugendportals »Blaue Narzisse« Felix Menzel aus Chemnitz bereits 2007 in Kubitscheks Zeitschrift »Sezession«. Zur Milieubildung reiche das journalistische Betätigungsfeld aber nicht aus, daher würden sich Autoren und Redakteure zusätzlich in Schüler- und Studentenverbindungen oder in der bündischen Jugend »engagieren«. Genau diese wechselseitigen Netzwerke sind es, die kaum überschaubar an Einfluss gewinnen.

Peter Felser ist laut eigener Vita in einer Großfamilie mit zehn Geschwistern, in »einfachen Verhältnissen«, aufgewachsen. Heute ist der ehemalige Bundeswehroffizier und Diplom-Pädagoge aus Bayern stellvertretender Fraktionschef der AfD im Bundestag. Seine Bewerbungsrede schloss er beim Landesparteitag in Greding mit den Worten: »Kämpfen wir! Der Freiheit eine Gasse! Für Deutschland!«

Peter (»Pit«) Felser, Jahrgang 1969, war 1995 Sprecher der *Junggilde Heinrich der Löwe* in München. Während seines Studiums an der Bundeswehruniversität war er in die völkisch-nationalistische Studentenverbindung aufgenommen worden, die ihre Mitglieder wie der *Freibund* auf das Lebensbundprinzip verpflichtet. Felser schrieb in den »Blättern der Deutschen Gildenschaft« (DG) und lernte den Gildenschafter Götz Kubitschek aus Schwaben kennen, der ebenfalls eine Offizierslaufbahn bei der Bundeswehr anstrebte. Gemeinsam veröffentlichten sie 2001 ein kritisches Buch über ihren Bosnieneinsatz, es wird mit dem Zusatz: »Bündische in Bosnien« beworben. Felser und Kubitschek gründeten mit dem Freibünder Bernd Widmer einen Film-Verlag, von dem sich Kubitschek wieder trennte. 2001 zog der bayrische Naturliebhaber Felser ins Allgäu und baute für die eigene Großfamilie einen Bauernhof um. In seiner Freizeit engagierte er sich in einer Initiative gegen den Bau von Windkraftanlagen. Laut Homepage führen Widmer und Felser das mittelständische Medienunternehmen, welches Werbefilme für Biogasanlagen und Futtermischwagen, aber in der Vergangenheit auch Medien für rechtsgerichtete Verlage produziert haben soll. Dem Kreis um Kubitschek will Felser nicht mehr zugerechnet werden. Er gehöre der gemäßigten Linie der AfD an, sagte er. Das

Portal »Allgäu-rechtsaußen« enthüllte 2018, dass ein ehemaliges Mitglied der *Wiking-Jugend* zehn Jahre lang bis 2016 als Graphiker in Felsers Medienunternehmen tätig war, bevor der Mann als Mitarbeiter in die Thüringer AfD-Landtagsfraktion von Björn Höcke wechselte.

Erreichbar ist der *Freibund e. V.* über ein Postfach in Göttingen. Bundesführer des *Freibundes* ist Eckhard Bednarski, Lehrer für Deutsch und Geschichte. Im Interview mit der »Jungen Freiheit« sagte Bednarski 2007: »Was der Zeitgeist vorgibt, interessiert uns nur am Rande. Wichtig ist uns, ein ausgeglichenes Geschichtsbewusstsein zu fördern.« Dafür lud sich der *Freibund* in der Vergangenheit externe Referenten wie den Schweizer Holocaustleugner Bernhard Schaub oder 2007 den Northeimer Gildenschaftler und Autoren Karlheinz Weißmann ein. Bednarskis Großvater veröffentlichte während der NS-Zeit 1941 eine Broschüre mit dem Titel: »Durchbruch zum deutschen Glauben – Ein Kampfruf an Deutschland – Gedanken eines Nationalsozialisten zum deutschen Glaubenskampf«. Vater Wolfram gehörte bis zum Verbot dem verfassungsfeindlichen Verein *Bauernhilfe e. V.* um Holocaustleugner wie Horst Mahler und Ursula Haverbeck an, kandidierte bereits 1994 für die *Republikaner*. Heute ist er Ratsmitglied der AfD in der Stadt Springe. Im niedersächsischen Schnega, einer 1300-Seelen-Gemeinde im Wendland, nahe der Landesgrenze zu Sachsen-Anhalt, wurde Wilhelm von Gottberg durch seinen Parteiwechsel von der CDU zur AfD der erste Bürgermeister seiner neuen Partei. Seit 2013 gehört von Gottberg der Partei an, als Abgeordneter vertritt er sie im Bundestag. Wilhelm von Gottberg, Jahrgang 1940, Vater von sechs Kindern, eilte schon als langjähriger Vorsitzender der *Landsmannschaft Ostpreußen* ein stramm rechter Ruf voraus. Im Juli 1998 sagte er auf der Feier zum fünfzigjährigen Bestehen der Landsmannschaft: »Wir warten schon lange auf eine offizielle Bitte um Vergebung durch Polen, Tschechien und Russland für die völkermordartigen Vertreibungsverbrechen.« 2001 beklagte Gottberg in einem Leitartikel des »Ostpreußenblattes«, dass zur »Kriminalisierung der Deutschen« immer noch »der Völkermord am europäischen Judentum herangezogen« werde. Mit Rückgriff auf den italienischen Neofaschisten Mario Consoli schrieb er, diese »Propaganda-Dampfwalze wird mit den Jahren nicht etwa schwächer, sondern stärker, und in immer mehr Staaten wird die jüdische ›Wahrheit‹ über den Holocaust unter gesetzlichen Schutz gestellt«. 2017 versuchte er, diese Aussage zu relativieren. In seiner Bewerbungsrede für die Bundestagskandidatur im selben Jahr versprach er, sich für das Ende des »Kults der Schuld« im Bundestag einzusetzen. Die Zusammenarbeit mit dem *Freibund* legte er selbst offen. 2007 berichtete Gottberg, dass seine Landsmannschaft eine Fahrt des rechten Jugendbundes nach Ostpreußen mit 1000 Euro »alimentiert« habe. Etwa 80 Kinder verbrachten zwölf Tage in einem Lager am Dadai-See.

Ein einziges öffentliches Dokument spiegelt die Programmatik des *Freibundes* wider: die »Freiburger Erklärung« von 2005. Darin bekennt sich der Bund offiziell zum Grundgesetz und gibt vor, den Weg der Politisierung anderer Bünde nicht mitgehen zu wollen. Diese Haltung bezeichnet Götz Kubitschek in einem Artikel der »Sezession« als »Aderlass« und weist auf die »ganzheitliche, heimatverbundene, jugendbewegte Reifung der Mitglieder« hin. 2014 war Kubitschek sauer, weil ausgerechnet die »Junge Freiheit«, bei der er in der Vergangenheit Redakteur war, den *Freibund* kritisierte. Autor Roland Wehl schrieb wohlwollend über den Ausschluss von *Freibund* und anderen Bünden wegen ihrer »Rechtslastigkeit« aus der »Jugendburg Ludwigstein«, dem Zentrum der deutschen Jugendbewegung. Wehls Artikel, der Götz Kubitschek so empörte, zog die Glaubwürdigkeit der »Freiburger Erklärung« in Zweifel. So werde am »Bundeslied« festgehalten, das hohen Symbolcharakter trage. Dieses Lied heißt »Nur der Freiheit gehört unser Leben« und stammt aus der Feder von Hans Baumann, der es 1935 im Auftrag der »Reichsjugendführung« der *Hitlerjugend* verfasste. Der Artikel in der »Jungen Freiheit« löste eine Kontroverse im rechten Lager aus. Kubitschek reagierte in der »Sezession« und ließ durchblicken, dass er den Chefredakteur der Wochenzeitung ein Jahr zuvor, 2013, samt Nachwuchs bei der »Meißnerfahrt« der Bünde angetroffen habe. Damals ging die Wanderung von der Burg Hanstein in Thüringen über die Burg Ludwigstein hinauf zum höchsten Berg Hessens, dem Hohen Meißner. Dort hatten sich hundert Jahre zuvor 3000 Jugendbewegte getroffen. Das dort verabschiedete »Meißner Manifest« von 1913 stand am Anfang der deutschen Jugendbewegung. Kubitschek mokierte sich darüber, dass der Kollege von der »Jungen Freiheit« sich dann ausgerechnet zum *Freibund* gesellt habe, »den er aus den 90ern gut« kenne.

Wie eng die Verzahnung zwischen völkischen und politischen Rechten gediehen ist, wird deutlich am Veranstaltungsort des Sommerfests der *Jungen Alternative* (JA) 2018 in Niedersachsen. Es habe bei »Völkischen« stattgefunden, hieß es auf Medienanfrage knapp vonseiten des Landesamtes für Verfassungsschutz in Hannover. Tatsächlich feierte die Jugendorganisation der AfD Ende Juli in Berel am Ries, einer geschichtsträchtigen Gegend mit über 3000 Jahre alten Hügelgräbern, die auf eine lange Siedlungsgeschichte hinweisen. Dort, wo sonst Freibünder zusammenkommen, quartierten sich diesmal rechte Nachwuchspolitiker ein: auf dem Anwesen der Familie Bünger im Landkreis Wolfenbüttel. Das Motto der Feier lautete: »Zurück zur Volkstümlichkeit«. Obwohl die Feierlichkeit nicht öffentlich war, vermitteln später bei Facebook gepostete Fotos Eindrücke davon. Der von Scheunen und Ställen umsäumte Innenhof mit seinem urigen Steinpflaster in Berel bietet genug Platz für die etwa 100 angereisten Gäste, unter denen auch Anhänger der *Identitären Bewegung* zu erkennen sind. Anstoß erregt das Fest mit den JA-Transparenten und »schöner, deutscher Musik« in der Umgebung nicht. Über die Menschen auf dem sogenannten Hof Freiburg in Berel wird in der Nachbarschaft ohnehin lieber geschwiegen. Weitere national gesinnte Familien haben sich in der Region um Burgdorf angesiedelt. Dass die »mit der AfD zu tun haben«, wird längst vermutet.

Familienoberhaupt Heinrich Bünger, genannt Heiner, agiert umtriebig. Der niedersächsische Landwirt betreibt neben einem großen Maststall auch eine Windkraftanlage. Ökobauer sei er nicht, sagte Bünger im Jahr 2000 in einem Interview mit der »Jungen Freiheit«, weil ihm der nötige Idealismus fehle, »um für die Hälfte des Einkommens die doppelte Arbeit zu verrichten«. Bei Facebook hat sich der Niedersachse einen Account als »Heiner Be« angelegt. Immer wieder weist er dort auf die angebliche Bedrohung durch Geflüchtete hin. »Größere Menschentransaktionen« würden fast immer zu »starken Verwerfungen und Krieg« führen, schreibt Bünger im Juli 2018 in einem Kommentar und zieht sogleich das Fazit: »Zivilisationen, die sich nicht wehren, gehen unter.« Büngers Likes gelten unter anderem einem AfD-Politiker, *Ein Prozent für unser Land* sowie der *Deutschen Gildenschaft*. Die Geburt ihrer Söhne gaben Heiner Bünger und Ehefrau denn auch in den Blättern des *Korporationsverbandes Deutsche Gildenschaft* bekannt, in dem auch Götz Kubitschek und Peter Felser aktiv waren.

Die Nähe der JA Niedersachsen zu Rechtsextremen führte 2018 zur Beobachtung durch den Landesverfassungsschutz. Die Bundesführung reagierte unmittelbar. Auf dem Bundeskongress der *Jungen Alternative* stimmte die Mehrheit für die Auflösung dieses Landesverbandes. Die Kontakte zur *Identitären Bewegung* führten zur Entscheidung des Bundesamtes für Verfassungsschutz, die gesamte JA als »Verdachtsfall« einzustufen. Am 15. Januar 2019 sagte der Präsident des Bundesamtes Thomas Haldenwang auf einer Pressekonferenz, seiner Behörde lägen »inhaltlich und numerisch hinreichend gewichtige Anhaltspunkte dafür« vor, dass es sich bei der Jugendorganisation »um eine extremistische Bestrebung« handele. Er führte aus: Eine gründliche politikwissenschaftliche und juristische Analyse der Aussagen der

JA lege nahe, dass sie die Würde des Menschen als obersten Wert der Verfassung nicht respektiere, sie ziele auf den »Vorrang eines ethnisch-homogenen Volksbegriffs« und mache die, die dieser ethnisch geschlossenen Gemeinschaft nicht angehören sollen, »in eindeutiger Weise verächtlich«.

Bislang fokussierte sich das bündisch-nationalistische Wirken auf Erziehungs- und Kulturarbeit in privaten Zirkeln. Seitdem sich die rechte Szene jedoch im Aufwind fühlt, verlassen immer mehr die sicheren Rückzugsorte. Nach 70 Jahren wächst bei ihnen die Hoffnung auf eine radikale nationalistische Zeitenwende.

Kampf von der Bühne

Kulturelle Landnahme im vorpolitischen Raum

Auf den Rängen der Waldbühne haben die Theaterbesucher Platz genommen. Im Halbdunkel erwarten Frauen und Männer, Kinder und Jugendliche eine ganz besondere Aufführung. Aus allen Landesteilen sind Familien zu der Freilichtbühne nahe Bischofswerda angereist. Der Weg in den tiefen Osten, nach Sachsen, war ihnen dorthin, wo sonst Karl-May-Festspiele stattfinden, nicht zu weit. Die Bühne bespielen an jenem 7. und 8. September 2018 weibliche und männliche Verwandte, Freunde und Gefährten aus der Laienspielgruppe »Friedrich Schiller«. An die »60 theaterbegeisterte Jugendliche und Junggebliebene« hätten die »klassische Inszenierung« des »Wilhelm Tell« mit »großer Freude« realisiert, schreibt die Laienspielgruppe auf ihrer Webseite. Diese aus ganz Deutschland kommende Truppe in selbstgemachten mittelalterlichen Kostümen verbindet nicht bloß die Lust am Theaterspielen, die Mitglieder haben mehr gemein: die Herkunft aus den verschiedensten rechten Strukturen. Ein junger Familienvater aus der Lüneburger Heide spielt den Wilhelm Tell. Die Darstellerin der Frau des Schweizer Freiheitshelden kommt ebenfalls aus Niedersachsen, ist politisch bei der *Identitären Bewegung* aktiv. Weitere Hauptfiguren werden von völkischen Aktivisten aus Mecklenburg-Vorpommern dargestellt. Die politischen Vernetzungen dieses Milieus rechts von der Union erfolgen neuerdings auch über künstlerische Projekte. In der Öffentlichkeit werden diese Hintergrundstrukturen bisher jedoch kaum wahrgenommen.

Am Freitag und dem nachfolgenden Samstag führte die Laienspielgruppe um Baldur Borchardt aus Fürstenfeldbruck Friedrich Schillers Drama vom Widerstand eines unterdrückten Volkes gegen eine Willkürherrschaft erfolgreich auf. Rund 800 Karten wur-

NPD-nahe Aktivisten aus Mecklenburg als Theatergäste in Bischofswerda, darunter Tino Streif aus Jamel (3. v. l.); mit dabei auch Stefan Köster, Landeschef der NPD

den verkauft. Viele der Besucher am ersten Aufführungstag sind aus der Region, unter ihnen Stadträte und Lokalpolitiker aus Bischofswerda und dem nahen Bautzen. Am Samstag reist überwiegend völkisches Publikum an, das lässt der Kleidungsstil sofort erkennen. Die Gäste kommen auch aus der Schweiz und Österreich. Am Ende der fast dreieinhalb Stunden währenden Aufführung im idyllischen Naturambiente erfolgte begeisterter Applaus. Der politische Hintergrund der Laien auf der Bühne dürfte mit ein Grund gewesen sein, dass die Eintrittskarten mit Zeilen aus dem in extrem rechten Kreisen beliebten »Rütli-Schwur« bedruckt waren: »Wir wollen sein ein einzig Volk von Brüdern. Wir wollen frei sein wie die Väter waren. Wir wollen trauen auf den höchsten Gott«. Für diejenigen, die sich einen starken Rechtsruck herbeisehnen, ist das Zitat Bekenntnis und Botschaft zugleich. Im Begleitheft zur Inszenierung wird betont: »Mit dieser Aufführung wird ein wichtiger Beitrag für das Kulturschaffen in Deutschland geleistet. Möge der

Schillersche Freiheitsgedanke als edles und hohes Ziel uns Deutschen in der heutigen Zeit wieder bewusst sein!« Das historische Drama von 1804 um Tyrannei wird so in die aktuelle Debatte von 2018 zwischen »denen da oben« und »wir hier unten« transformiert. Den Akteuren geht es um Identität und Heimat, um Volk und Zuwanderung. Die Wahl dieses Heldendramas ist kein Zufall.

Verborgen im Wald nahe der Bühne haben von weit her angereiste Theaterbesucher Zelte auf Lichtungen aufgeschlagen. In diesen Kreisen gehören mehrtägige Übernachtungen im Gelände zur Routine. Viele Männer tragen Trachtenkleidung und die Frauen lange Röcke. Sie haben Wolldecken und Picknickkörbe mitgebracht. Bei dem Personal der Schauspielgruppe verwundert wenig, dass der ehemalige Bundesführer der 2009 verbotenen *Heimattreuen Deutschen Jugend* (HDJ), Sebastian Räbiger, mit dem ehemaligen NPD-Landtagsmitarbeiter aus Lübtheen Torgej Klingebiel anreist, dessen Kinder die »Einheit Mecklenburg« der HDJ besucht hatten. Wolfram Nahrath, letzter Anführer der 1994 verbotenen *Wiking-Jugend* und Verteidiger im NSU-Prozess, erscheint mit seinen Angehörigen aus Berlin. Stefan Köster, NPD-Landesvorsitzender in Mecklenburg-Vorpommern, ist mit Familie und rechtsextremen Bewohnern aus Jamel gekommen. Etwa zeitgleich packt AfD-Anhänger Sascha Jung seinen Kofferraum aus. In Bayern wurde 2007 ein Berufsverbot gegen den Juristen verhängt und ihm damit der Wunsch verwehrt, Richter zu werden. Er war als Sprecher und »Alter Herr« der rechtsextremen Burschenschaft *Danubia München* bekannt geworden. Jung zog als Rechtsanwalt von der Stadt aufs Land nach Mecklenburg – in die Kernregion völkischen Siedelns. Der ehemalige NPD-Ordnungsdienstleiter Frank Klawitter reist mit großer Gruppe an. Seine Kinder besuchten nach dem HDJ-Verbot die Lager des *Sturmvogels,* die älteren Jungen schlossen sich bereits der *Identitären Bewegung* an. Ehemalige Mitglieder der HDJ aus Bayern begrüßen fröhlich Bekannte.

Aus allen deutschsprachigen Ländern würden die Darsteller kommen, der jüngste neun Jahre alt und der älteste 61 Jahre, heißt es im Begleitheft. Auffallend: Im Theaterheft werden nicht wie sonst üblich die einzelnen Schauspieler namentlich, oft gar mit Bild vorgestellt. Hier wird kein einziger Schauspieler mit Rolle und Namen beschrieben. Fotos von den Proben zeigen keine erkennbaren Gesichter. Stattdessen sind Rücken der Akteure zu sehen, oder es werden Gruppenbilder aus größerer Entfernung gezeigt, auf denen keine Person einzeln zu erkennen ist.

Noch vier Tage nach dem Besuch des Stückes schwärmt Fabian Rimbach von der Aufführung auf der Waldbühne. Der Familienvater ist Vorsitzender der rechtsextremen *Schlesischen Jugend Bundesgruppe e. V. – Jugendorganisation der heimatvertriebenen Deutschen.* Sie ist seit 2010 Beobachtungsobjekt des Bundesamtes für Verfassungsschutz. Am Samstag sah Rimbach mit seiner Frau das Stück und erklärt danach stolz: »Die ersten Proben haben bei uns stattgefunden, wir haben auch die Versorgung gemacht.« Doch die letzten Treffen vor der Aufführung fanden nicht mehr in seinem Landgasthof im thüringischen Marlishausen statt. In der Region um Arnstadt hätte die Laiengruppe keine geeignete Freilichtbühne gefunden, so Rimbach. Sie musste nach Sachsen ausweichen, und da wäre ihr Landgasthof einfach zu weit weg gewesen. Rimbachs Gasthof ist schon länger beliebter Anlaufpunkt für Nationalisten. In der Vergangenheit traf sich hier auch die *Identitäre Bewegung.* 2011 hatte sich die *Landsmannschaft Schlesien* von ihrem Jugendverband getrennt, da dieser rechtsextremistisch unterwandert war. Die Gruppe um Rimbach hatte damals die Führung übernommen. Der heutige Gastwirt arbeitete zu dieser Zeit noch in einem Ökosupermarkt in Bayern. Im aktuellen Verfassungsschutzbericht Thüringens wird Rimbachs Landgasthof als rechtsextremer Szenetreffpunkt erwähnt. Die Raumwahl für die Proben dürfte also bewusst gewählt gewesen sein. In diesem Milieu der völkischen Familien kennt man sich, ist vernetzt und unterstützt sich. Vermeintlich deutsches Brauchtum und Bildung werden gemeinsam gepflegt. Aus diesem Milieu kam dann auch die Empfehlung für

Eintrittskarte der Aufführung in Bischofswerda mit einem Teil des Rütlischwurs

die Waldbühne bei Bischofswerda. Mit diesem Spektrum hat der Trägerverein der Bühne nichts gemein. Die Buchungsanfrage kam dem Verein wirtschaftlich gerade recht. Die Betreiber hatten selbst schon versucht, die Bühne mehr bespielen zu lassen, da sie nur in wenigen Wochen im Jahr genutzt wird. Die Verantwortlichen kannten die Laienspielgruppe nicht, sagt der Ansprechpartner für die Waldbühne.

Die Figur Wilhelm Tell ist eine wiederkehrende Referenzgröße in der weit rechten Szene. Verschiedenste Protagonisten greifen das Drama auf. Der legendäre Freiheitskämpfer aus der Schweiz soll sich der Sage nach im Jahr 1307 geweigert haben, den bloßen Hut eines Vogtes, der auf einer Stange befestigt war, beim Vorbeigehen zu grüßen. Der mächtige Vogt befahl Tell daraufhin, auf einen Apfel zu schießen, der sich auf dem Kopf seines Sohnes befand. Der Schuss gelang dem bekannten Armbrustschützen. Auf die Frage, wofür er einen zweiten Pfeil mitgebracht hätte, soll er geantwortet haben, der sei für den Vogt gewesen, für den Fall, dass er seinen Sohn erschossen hätte. Der Vogt ließ ihn festnehmen, Tell konnte fliehen und erschoss den tyrannischen Verwalter, wonach es zu einem Aufstand und einem Widerstandsschwur gegen die tyrannischen Vögte der Habsburger kam.

Der Rütlischwur ist der Nationalmythos der Schweiz, dort wird er auf das Jahr 1291 datiert. Er zählt zur Gründungslegende der sogenannten »Alten Eidgenossenschaft«. Tatsächlich aber fand der Freiheitskampf unterdrückter Schweizer Bauern gegen die Habsburger Tyrannei erst im 15. Jahrhundert statt. Der ehemalige Schweizer Waldorflehrer Bernhard Schaub behauptete auf der internationalen Holocaustleugner-Konferenz in Teheran 2006: »Die Freiheitshelden Arminius und Wilhelm Tell sind nicht tot. In den besten Männern und Frauen aller Nationen leben sie weiter.« Jürgen Elsässer, Chefredakteur des weit rechten Magazins »Compact«, betonte in der »Sonder-Ausgabe Nr. 9« mit dem Titel »Zensur in der BRD«: »Damals waren es die Dynastien des Adels wie die Windsors, Habsburger und Romanows, heute sind es die Dynastien des Geldes, die Rockefellers und Co. Das Volk blutet, heute wie damals. Aber es kämpft. Wir kennen seine Helden aus den Geschichtsbüchern: Das waren etwa Robin Hood, Klaus Störtebeker, Thomas Müntzer und Wilhelm Tell. Die waren weder links noch rechts, das gab es damals nicht. Sie waren einfach für das Volk: für uns da unten, gegen die da oben.«

Doch nicht bloß die Figur Wilhelm Tell genießt Kultstatus. Auch Friedrich Schiller selbst wird in deutschtümelnden Magazinen und Heften gern mitvereinnahmt. In den »Blättern der Deutschen Gildenschaft« veröffentlichte Helge Ohlsen 2006 einen Beitrag mit dem Titel »Friedrich Schiller – ein deutscher Revolutionär«. Diesen Titel hatte schon 1955 Walter Löhde für sein Werk gewählt. Das Buch erschien im Hohe Warte Verlag, ein eigenständiges Unternehmen des *Bundes für Gotterkenntnis – Ludendorff*.

Im Heft »na klar!« des *Freibundes* wird sich auch mit Schiller auseinandergesetzt. Nicht ohne einen vermeintlichen Wendepunkt des Dichters extra hervorzuheben. »Im Zuge der Französischen Revolution«, heißt es in Heft 1/2009, hätte Schiller sich von der Idee »eines linearen Prozesses der Geschichte«, der auf einen idealen Zustand der Welt zulaufe, distanziert. Diese Betonung zielt darauf, dass in völkischen Kreisen von einem ewigen Kreislauf der Geschichte ausgegangen wird: kommen – gehen – wiederkehren. Ein antimodernes Geschichtsverständnis, das einen reflektierten Entwicklungsweg der Menschen hin zu einem humanistischen Ideal ausschließt.

In ihrer Ausbildungsschrift »Wegweiser« schrieb die Bundesführung der HDJ zum Aufstand in der DDR am 17. Juni 1953, dass es an diesem Tag »zur größten Auseinandersetzung nach 1945« gekommen wäre. »Tausende nationale Menschen demonstrierten für die Freiheit, wie sie Schiller verstand, Tausende Marxisten für die Freiheit, wie sie sich Karl Marx vorstellte.« Dieser Verengung des Werkes von Schiller folgend, wurde in der durch das HDJ-Verbot eingestellten Vereinszeitung das Leben des Dichters geschildert.

Zur Rechtfertigung der Leugnung der Vernichtung der Juden musste Friedrich Schiller 2017 in der »Stimme des Reiches« herhalten. In Heft 5 aus dem Holocaustleugner-Milieu führt Friedrich Bode in einem Leserbrief aus: »Im Nachkriegsdeutschland wurden inzwischen an die 10 000 Männer und Frauen vor den Kadi gezerrt« und verurteilt, »weil diese sich nicht willig der Holocaustkeule beugen wollten. Schillers Wilhelm Tell wird demnächst von den Theaterprogrammen abgesetzt werden, da die in ihm zur Sprache kommende Thematik frappierende Ähnlichkeit zu den Holocaustprozessen aufweist«, so Bode, evangelischer Pastor in Rente und einst Mitgründer des Bremer Parteiverbandes von Die Grünen. Bis heute schreibt der 77-Jährige für die Reichsdeutschen-Szene. Seine Themen sind auch Atomenergie und Massentierhaltung.

Nicht Schiller alleine verehren die völkischen Rechten. Die Dichter Theodor Körner und Ernst Moritz Arndt sind noch stärker präsent. Es gibt kaum einen jungen Erwachsenen aus der rechten Szene, der nicht mit den soldatisch-heroischen Versen des zornigen Geschichtsprofessors und späteren Abgeordneten der Frankfurter Paulskirche Ernst Moritz Arndt heranwuchs. Arndt, der Schiller um Jahrzehnte überlebte, gehörte zu den Poeten, die sich in ihrem Hass gegen die napoleonische Besetzung zum »gänzlichen Vernichtungskrieg« gegen das »Franzosenungeziefer« verstiegen. Mit deutschtümelndem Furor versuchten Dichter und Gelehrte seit dem 18. Jahrhundert der französischen Kulturhegemonie etwas Deutschsprachiges entgegenzusetzen. Mit dem militärischen Revolutionsexport durch Napoleon spitzte sich dieser Konflikt zu. Die aus der antifranzösischen Befreiungsbewegung hervorgegangenen Ur-Burschenschaften bezogen sich intensiv auch auf Friedrich Schiller. Es sollte ein nationaler Aufbruch werden. An Arndts Vers »Der Gott, der Eisen wachsen ließ, der wollte keine Knechte« berauscht sich heute noch die deutschnationale Gemeinde. Er machte den Hass zur Tugend.

Die Kriegstrommelei des Freikorpssoldaten Theodor Körner gehört ebenfalls zum wichtigen Kulturgut Rechter. Ein Vortrag über den »Freiheitsdichter Theodor Körner« stand schon bei der *Wiking-Jugend* im Programm. Die *Pennale Burschenschaft Theodor Körner* zieht neu-rechte Vordenker und Freibündler wie Felix Menzel an. Gern zitiert wird eine Körner zugesprochene Warnung, die aber gar nicht von ihm stammt: »Noch sitzt ihr da oben, ihr feigen Gestalten, vom Feinde bezahlt doch dem Volke zum Spott! Doch einst wird wieder Gerechtigkeit walten, dann richtet das Volk. Dann gnade Euch Gott!« Die Holocaustleugnerin Ursula Haverbeck verwendete den Vers in einem »persönlichen Brief« an ihre Getreuen 2016.

»Deutschland! Aber wo liegt es?« hatten Johann Wolfgang von Goethe und Friedrich Schiller 1796 gefragt und ihren Lesern vorgeschlagen, lieber Humanität als Nationalität zu wählen. Dennoch werden die beiden Dichter 2011 auf dem Titelblatt des rechtsextremen Magazins »Umwelt & Aktiv« gegen die moderne Kunst in Stellung gebracht. Über dem Bild von einem Denkmal der Dichter prangt: »Kunst und Antikunst«. In Heft 1 des Jahres greift Walter Marinovic zunächst die Frankfurter Schule um Herbert Marcuse, Max Horkheimer und Theodor W. Adorno an. Diese Leute hätten die »Kulturrevolution« von 1968 zu verantworten, welche die »Zerstörung der Kunst, Zersetzung der Moral und Vernichtung der Familien« predigten. Für Marinovic, der auf dem Jahreskongress der größten rechtsextremen Kulturorganisation, der *Gesellschaft für freie Publizistik*, 2011 sprach, ist die gesellschaftskritische Philosophie der Frankfurter Schule Teil der »reeducation« nach 1945. »Auf allen Gebieten – Glaube, Sitte, Familie, Kunst – wollten die ›Frankfurter‹ (…) den Deutschen eine andere Seele einimpfen«, klagt Marinovic. Der Autor von »Kunst und Anti-Kunst« fragt denn auch: »Gibt es heute keine echte Kunst mehr, (…) keine Musik, keine Dichtung, die sich zu Volk und Heimat bekennt?« Und kommt dann zu Friedrich Schiller, der »in der Zeit der tiefsten Erniedrigung durch Napoleon mit der Feder für sein Volk« gekämpft hätte. Dessen fragmentarisch gebliebenes Gedicht »Deutsche Größe« zieht Marinovic heran, um den Dichter gänzlich nationalistisch zu vereinnahmen.« »Darf der Deutsche, besiegt und gedemütigt, sein Selbstbewusstsein bewahren?«, lässt er Schiller fragen und sogleich antworten: »Ja, er darf's!« Und Marinovic betont, dass der Textentwurf ein »Anruf an seine Zeit und an uns sei«. Verse wie »An die Freude«, in denen es um die Aussöhnung mit der Welt geht (»Seid umschlungen Millionen! Diesen Kuß der ganzen Welt«), werden dagegen regelmäßig übergangen.

Mehr als zehn Jahre liegen zwischen dem Fragment »Deutsche Größe« (1801) und dem Gedicht »An die Freude« (1785). Jahre der gesellschaftlichen Erschütterung durch die Französische Revolution ab 1789 mit ihrer anschließenden Gewaltherrschaft sowie der später folgenden Jahre der Befreiungskriege ab 1813 gegen die napoleonische Besetzung. Nicht bloß Schillers Euphorie für eine humanistische Revolution im Geiste der Aufklärung sank. Kann dem Dichter deswegen abgesprochen werden, was Heinrich Heine in Schillers Werken ausgemacht haben will: mit das »Herrlichste und Heiligste (...) was Deutschland hervorgebracht hat, nämlich »Humanität, (...) allgemeine Menschen-Verbrüderung« und Kosmopolitismus? In der »Romantischen Schule« führte Heine 1836 selbst weiter aus: »Schiller schrieb für die großen Ideen der Revolution, er zerstörte die geistigen Bastillen, er baute an dem Tempel der Freiheit, und zwar an jenem ganz großen Tempel, der alle Nationen gleich einer einzigen Brüdergemeinde umschließen soll; er war Kosmopolit.«

Im Wilhelminismus von 1890 bis 1914 fühlten sich etliche Publizisten und Politiker berufen, viele Dichter und Denker der Klassik und Romantik auf völkisch-nationalistische Töne zu reduzieren. Deutsch sollte deutsch werden und deutsch bleiben. Am 18. Januar 1871 wird der preußische König Wilhelm I. zum deutschen Kaiser ernannt und das Deutsche Reich ausgerufen. Der neue Machtstaat erschien den alten Eliten und der neuen Bourgeoisie aber kaum als Kulturnation. Die Industrialisierung durch den technologischen Fortschritt hatte die Gesellschaften erschüttert. Ein tiefes Unbehagen gegen die Moderne charakterisierte die kulturelle und politische Atmosphäre. Die antimodernistischen Ressentiments artikulierten sich in vielfältigen Formen – in politischen und religiösen sowie in kulturellen und ökologischen. Das Versprechen der Moderne, wie es im 18. Jahrhundert die Philosophen der Aufklärung hofften, dass die »objektivierten Wissenschaften« die universellen Grundlagen von Moral und Recht und die autonome Kunst die Basis für eine vernünftige Gestaltung der Lebensverhältnisse aller Menschen bilden würden, wurde nicht eingelöst, wie es Jürgen Habermas in »Die Moderne, ein unvollendetes Projekt« 1980 darstellt. Dieser Schock für das deutsche Bürgertum befeuerte eine neue Strömung: die völkische Bewegung. Deren Kulturvereine, Zeitungen, Debattierklubs, spirituelle und esoterische Gesellschaften einte die Verneinung der

Moderne, sie träumte von einer vormodernen Idylle, in der das Mensch-Natur-Verhältnis nicht entfremdet war. Innerhalb der völkischen Bewegung blühten so auch Natur- und Tierschutzvereine sowie Heimat- und Siedlungsinitiativen auf. Germanische Götter und nordische Geister wurden wiederentdeckt.

In dem völkischen Klassiker »Rembrandt als Erzieher« führt August Julius Langbehn aus, dass Friedrich Schiller nicht »den Menschen«, sondern »den deutschen Menschen« erziehen und erzielen wollte. Und Johann Wolfgang Goethe mit einbeziehend schreibt der Philosoph 1890: »Wie ihre gemeinsame Tätigkeit im Wesentlichen eine nationale, sittliche, aristokratische, deutsche war, so wird auch der künftige Kunstpolitiker auf die gleichen Eigenschaften sein hauptsächliches Augenmerk richten müssen.«

Die Sphären von Politik und Kunst, Siedeln und Lehren, Natur- und Brauchtumspflege gingen im Wilhelminischen Zeitalter oft ineinander über. Das Bestreben nach Ganzheit von Mensch und Natur, Geist und Erfahren war allgegenwärtig. Pantheistische Ideen – Gott und Welt ist eins – wurden mit pseudogermanischen Vorstellungen aufgeladen. Auf dieser Suche brachten die völkisch Bewegten die »ureigenen Bräuche« und den »arteigenen Glauben« gegen die fremden Götter des Judäa-Christentums und der Aufklärung in Stellung, schreibt Justus H. Ulbricht in dem Aufsatz »… in einer gottfremden, prophetenlosen Zeit …« 2001. Die heterogene Szene vom radikalen Deutschtum-Prediger über nackte Naturromantiker und feurige Odin-Freunde bis zu militanten Volkstumskämpfern hatte eine Parole gemein: »Ohne Juda, ohne Rom bauen wir Germaniens Dom.« Einer von ihnen war Paul Förster (1844 – 1925), der sich für deutsche Erziehung, deutsche Kunst, deutsche Lebensart und deutschen Natur- und Tierschutz einsetzte.

Der Multifunktionär wirkte, damals führend beim *Alldeutschen Verband* und *Jungdeutschen Bunde* mit, gestaltete den *Deutschen Vegetarierbund* und den *Bund der Impfgegner* mit und stand dem *Deutschen Lehrertierschutzverein* und dem *Internationalen Verein zur Bekämpfung der wissenschaftlichen Tierfolter* mit vor. Der

Gymnasiallehrer zog 1893 für die antisemitische Deutschsoziale Partei in den Reichstag. Er meinte, dass durch das »Juden- und Christentum« der »moderne Mensch« und die »moderne Welt« entstanden seien. Aus diesen – für ihn – fremden Religionen sei der »Kulturmensch« hervorgegangen, der all die »abschreckende(n) Verödungen und Verblödungen« schaffe.

Mehr noch, so Förster 1906 in »Deutsche Bildung, Deutscher Glauben, Deutsche Erziehung«, das Juden- und das Christentum stellten den einzelnen Menschen in den Mittelpunkt – genannt Anthropozentrismus – und verkündeten die Idee, dass alle Menschen gleichwertig seien. Diesen Universalismus lehnte er vehement ab und warnte vor einer »schrankenlosen Humanität«. Damit würde das »Ureigene« und »Arteigene« verschwinden. »Wir sind in der eigenen Heimat unserem Wesen entfremdet worden. Fremde Erzieher haben uns in die Schule genommen«, warnte er und forderte: »Hinweg« mit der »feindlichen Botschaft« des »undeutschen Juden-Christentums«. Politik und Erziehung sollten auf den »Kampf um das Dasein des deutschen Volkes« ausgerichtet werden. Zur deutschen Lebenskultur gehörten für ihn der Schutz der Tiere und die Ernährung ohne Fleisch. Im wilhelminischen Reichstag kämpfte er gegen Vivisektion (Eingriff am lebenden Tier zu Forschungszwecken) und Schächten (betäubungsloses Schlachten), da sie »jüdische Thierquälereien« seien.

Diese Argumentationen sind über 100 Jahren später wieder im Diskurs – ein tiefer Rückfall ins weit zurückliegende Vorgestern. Paul Försters Positionen sind in der rechtsextremen Szene geläufig, genau wie die Haltungen ähnlich denkender Personen seiner Zeit. Die wohl unter Pseudonym schreibende Autorin Bastienne Erdmann stellt beispielsweise in »Umwelt & Aktiv«, Ausgabe 2/2016, Ernst Rudorff (1840–1916) als »den romantischen Geist« ausführlich vor. Der Komponist, Musikpädagoge und Naturschützer prägte 1897 in zwei Artikeln im »Grenzboten« unter dem Titel »Heimatschutz« und »Abermals Heimatschutz« den Begriff nachhaltig mit, der durchaus auch kulturelle Bedeutung erhalten sollte. Rudorff lieferte quasi das Programm für die am Anfang des 20. Jahrhunderts entstehende *Heimatschutzbewegung*, wie Klaus Hermann in einer kritischen Abhandlung zu Ernst Rudorff 2016 herausgearbeitet hat. Diese Bewegung wollte Heimatkunst, Bodenreform und Wohlfahrt in einen Verband vereinen. Rudorff, so Autorin Erdmann, hätte früh die »›wahrhaft beklagenswerte Verunglimpfung unseres schönen Vaterlandes‹ durch Verkuppelung, Flurzusammenlegung und Grundstücks- bzw. Bauspekulationen« angeprangert und auch das »Ausbeutungssystem des Tourismus«, weil es das »menschliche Bedürfnis des Naturgenusses zu einem ›geschäftlichen Betrieb‹ machen« würde. Kunst und Natur und Volk denkt er, als eine Gesamtheit natürlich erwachsen und natürlich zu bewahren. Erdmann preist den Ideologen Rudorff gleich für die Gegenwart an: »Was unsere Urväter in Wodans heilige Eichenhaine bannten, was in den Sagen des Mittelalters, in den Gestalten der Melusine, des Dornröschens lebt, was in den Liedern Walthers von der Vogelweide anklingt, um dann in neuer ungeahnter Fülle in Goethes oder Eichendorffs Lyrik, endlich in der eigenartigen Offenbarung des deutschen Genius, in unserer herrlichen Musik, wieder hervorzubrechen: immer ist es derselbe Grundton, derselbe tiefe Zug der Seele zu den wundervollen und unergründlichen Geheimnissen der Natur, der aus diesen Äußerungen des Volksgemüts spricht.« Der Aufsatz »Heimatschutz« von 1897 sollte als Gebot verstanden werden, sich gegen die »Rücksichtslosigkeit des modernen Materialismus zu wenden«. Der Aufruf von 1903 zur Schaffung eines *Heimatschutz*-Bundes habe weiterhin Bedeutung: »Schaffen wir also einen sich über ganz Deutschland erstreckenden Bund aller Gleichgesinnten, denen es darum zu tun ist, deutsches Volkstum ungeschädigt und unverdorben zu erhalten und was davon unzertrennlich ist: die deutsche Heimat mit ihren Denkmälern und der Poesie ihrer Natur vor weiterer Verunglimpfung zu schützen.« 233 Personen des damaligen öffentlichen Lebens hätten den Aufruf unterzeichnet, schwärmt Erdmann, ohne jedoch zu erwähnen, dass Rudorff Deutsche jüdischen Glaubens und Frauen den Gründungsaufruf nicht unterzeichnen lassen wollte.

Ein Jahr nach dem Aufruf erfolgte 1904 die Gründung des *Bund Heimatschutz,* der 1914 in *Deutscher Bund Heimatschutz* umbenannt wurde, 1937 in *Deutscher Heimatbund* und seit 1998 *Bund Heimat und Umwelt in Deutschland e. V.* (BHU) heißt. Es ist eine der ältesten Naturschutzorganisationen. Das konservative Pendant zum *Bund für Umwelt und Naturschutz Deutschland e. V.* (BUND). Mit dem völkischen Gedankengut Rudorffs, verpackt in »Zivilisationskritik«, ruht ein »unseliger Schatten« auf der Heimatschutzbewegung, betont Wissenschaftler Hermann.

In dem weit rechten Milieu wird nicht nur Ernst Rudorff erinnert, sondern auch Hermann Hendrich (1854–1931). Der Künstler war aktiv im *Edda Verein,* der »die Wiedergeburt deutscher Kunst« anstrebte. Außer in Bildern versuchte Hendrich in der Architektur die ureigenen Mythen und alten Sagen wiederzubeleben. Die »Edda«, eine Sammlung nordischer Sagen und Lieder, ist bis heute von großer Bedeutung innerhalb der völkischen Szene. Wotans Kopf ziert nach wie vor die »Walpurgishalle« im sachsenanhaltinischen Thale. Auf dem »Hexentanzplatz« im Ostharz hat Hendrich 1901 mit Bernhard Sehering (1855–1941) die Halle aus Holz errichtet. 1907 gründete er den *Werdandi-Bund* mit, dessen Ziel es war, eine Gegenbewegung zur modernen und als dekadent empfundenen Kunstbewegung zu bilden, »um das Gesunde und Lebensbejahende in der Kunst stärker zu betonen«, so Elke Rohling in dem unkritischen Band »Hermann Hendrich« von 2001. Der Bund wollte »das Besondere und die Seelenkraft des deutschen Volkes durch das Mittel der Kunst erhalten und stärken«, hebt Rolf Parr in seinem Aufsatz »Der Werdandi-Bund« 1996 hervor. Kein rechter Bund, der seine Zöglinge nicht zu Wanderungen nach Thale, vorbei an Felstor, Hexentanzplatz und Rosstrappe anhält. Denkmäler deutscher Architektur stehen bei diesen Exkursionen ebenso hoch im Kurs wie Naturdenkmäler und nationale Dichtkunst. Für die Vermittlung setzen sich nach 1945 diverse rechtsextreme Vereine ein, die kaum öffentlich in Erscheinung treten und unabhängig von Parteien agieren. Dem 1950 mit Geldern des Stifterverbands der deutschen Industrie gegründeten *Deutschen Kulturwerk Europäischen Geistes e. V.* kommt dabei nach Ansicht des Hamburger Historikers Volker Weiß eine zentrale Rolle zu.

Neben dem nationalsozialistischen Kulturfunktionär Herbert Böhme prägte auch Will Vesper die zukünftigen Generationen mit. Der völkische Dichter Vesper hatte sich auf Gut Triangel am Südrand der Lüneburger Heide eine eigene »Scholle« geschaffen. Sein Sohn Bernward berichtet in »Die Reise«, wie sein Vater den Kindern lange nach dem Ende des Nationalsozialismus noch Vorträge hielt und erklärte, warum »die Katzen die Juden unter den Tieren« seien. Der Sohn war später mit der Mitbegründerin der »Roten Armee Fraktion«, Gudrun Ensslin, liiert – er zerbrach an diesen Konflikten und nahm sich das Leben.

Am Lippoldsberg in Nordhessen entwickelte sich das jährlich stattfindende »Dichtertreffen« der völkischen Jugendverbände zur zentralen Zusammenkunft, um den nationalsozialistischen Schriftsteller Hans Grimm (1875 – 1959) zu ehren, Autor von »Volk ohne Raum«. Die Tochter, Dr. Holle Grimm, führte die bereits im Dritten Reich stattfindenden »Dichtertage« bis in die 1990er Jahre fort. Im Klosterhaus Lippoldsberg empfing sie Gruppen wie die *Wiking-Jugend*. Die 1918 geborene Verlagsbuchhändlerin war Vorsitzende der bis heute aktiven, rund 500 Mitglieder starken rechtsextrem ausgerichteten *Gesellschaft für freie Publizistik*. 1994 zeichnete sie die von SS- und NSDAP-Mitgliedern gegründete Gesellschaft mit der eigenen Ulrich-von-Hutten-Medaille aus.

Eines der wichtigsten neueren Kulturevents sollte der sogenannte Zwischentag – Freie Messe werden. Dort trafen Altaktivisten aus den Reihen der *Gesellschaft für freie Publizistik*, NPD, *Identitären Bewegung* oder Neuen Rechten aufeinander. Der rechte Verleger Götz Kubitschek hatte die Messe 2012 angeschoben. Damals beteiligen sich auch Gruppen wie der *Freibund*.

In den Reihen der Jugendbewegung gehören nicht nur die Schriften deutscher Dichter zum Repertoire klassischer Bildung, sondern auch das Laienspiel. Bei Kulturtagen der Szene wurden auch selbst inszenierte Theaterstücke wie beim NPD-nahen »Märkischen Kulturtag« 2006 aufgeführt. Nationalismus lässt sich den Jüngsten am besten spielerisch vermitteln. 2011 lud die *Junge Landsmannschaft Ostdeutschland* zum »Osterlager« mit Familien nach Mitteldeutschland. »Heil Euch, Kameraden«, hieß es in der internen Einladung, »wir laden euch ganz herzlich zum Ostarafest ein.« In der germanischen Mythologie ist Ostara eine Frühlingsgöttin, die geehrt wird. Bei dem Lager wurde neben einem Singewettstreit und Volkstanz auch ein Laienspiel angekündigt, denn »das Theaterspielen setzt Kräfte frei, die den Menschen enorm stärken und in seiner Persönlichkeitsentwicklung fördern«, wie Autorin »Wiebke« 2014 in »na klar!« hervorhob.

Eine Gruppe von den *Neo-Artamanen* aus Mecklenburg-Vorpommern um Jan Krauter und Huwald Fröhlich war ebenfalls nach Sachsen gereist, um das »Wilhelm Tell«-Schauspiel in Bischofswerda zu sehen. Vor fast zwanzig Jahren haben sie sich in den Dörfern Koppelow und Klaber angesiedelt – dort, wo sich ihre geistigen Vorbilder, die *Artamanen,* eine Blut-und-Boden-Bewegung, vor gut siebzig Jahren niederließen. Einzelne der Darsteller der Laienspielgruppe »Friedrich Schiller« kommen aus dem Kreis der neuen Artamanen.

Über ein Jahr lang waren die Vorbereitungen gelaufen. Männer ließen sich für die Aufführung Bärte wachsen, Brillen waren untersagt, die Kleidung wurde möglichst originalgetreu angefertigt. Die Inszenierung verlief bewusst mitten in der Öffentlichkeit, war keinesfalls nur als ein Auftritt von Rechten für Rechte gedacht. Die Landnahme mittels Kultureinsatz gelang an diesem September-Wochenende 2018. Eine starke Vernetzung der Milieus über parteipolitische Grenzen hinweg funktionierte. Weder der auffällige Auftritt von Spielenden und Gästen, noch der heroische Inhalt erregten Argwohn. Tickets konnten über die Website der Laienspielgruppe bezogen werden, regional bot einzig ein Spielzeugladen in Bautzen sie an. Das Inhaberehepaar hat die Demonstrationen von »Wir sind Deutschland – Bautzen« mitorganisiert.

Keine Sicherheitsbehörde informierte die Kommune, die Betreiber der Waldbühne waren nicht vorgewarnt, obgleich die Proben eine Zeit lang in einem vom Thüringer Verfassungsschutz beobachteten Szenetreff stattfanden. Die kulturelle Aufführung offenbart neben einem starken Selbstbewusstsein vor allem einen hohen Organisationsgrad – inklusive Bereitschaft zur Klandestinität: So tauschte einer der völkischen Familienväter aus Uelzen, kaum angekommen auf der Parkwiese, das Nummernschild seines Busses gegen ein Berliner Kennzeichen aus.

»Wir betonen, zwei unpolitische Theatervorführungen gespielt zu haben«, schreibt der Leiter der Laienspielgruppe, Baldur Borchardt. Und er fragt, »welches Theater« würde bei seinen Zuschauern eine »Gesinnungskontrolle« vollziehen. Eine Frage, die nur gestellt werden kann, wenn die politische Herkunft der Laienschauspieler ausgeblendet wird. Die »diskreditierenden Rechtsextremismusvorwürfe« weist Borchardt per E-Mail auf Nachfrage zurück. Er betont stattdessen die Leistung der Laienspielgruppe: »Das Ergebnis war herausragend! Mir ist nicht bekannt, wann oder wo ein solch komplexes und langes Theaterstück von einer Laienspielgruppe in Eigenregie mit der gezeigten künstlerischen Qualität inszeniert wurde!?« Und was Rechtsextreme auf der Bühne betrifft, schreibt er: »Bitte erklären Sie mir: Was ist aus Ihrer Sicht ein ›Rechtsextremer‹? Rechtsextreme sind doch kriminelle Gewalttäter. Ich habe keine Rechtsextremen gesehen. Ich lehne physische und psychische Gewalt entschieden ab!« Offenbar hat er ein enges Verständnis von Rechtsextremismus, das Haltungen und Meinungen ausblendet.

Mit ihrer Inszenierung hat die Laienspielgruppe über Monate hin allerdings die Vernetzung völkischer Strukturen vorangebracht. Ein neues Gemeinschaftsgefühl ist bei den verbrachten Tagen und

Der »Funkenflug«, Zeitschrift der HDJ

Nächten geschaffen worden. Die gemeinsamen Erfahrungen, das Proben der Rollen dürften positive Erinnerungen sein. Solche Werte sind verinnerlicht, auch wenn einige Vereine später einmal verboten werden sollten oder Projekte auslaufen. Die Organisationen verschwinden, die geschulten Aktivisten bleiben.

Die *Heimattreue Deutsche Jugend* wirkt auf diese Weise über das Verbot hinaus bis heute in das Spektrum hinein. Mit klarer Eindeutigkeit legte ein »Eric« das Kulturverständnis für die gesamte Szene dar. »Was uns heute täglich im bundesrepublikanischen Alltag begegnet, können wir nur als kulturwidrig bezeichnen«, schrieb er im internen »Funkenflug« der HDJ. Es herrsche eine »Hervorhebung fremder Kulturen und Verächtlichmachung der hiesigen Kultur« vor. Die »lebenswidrige Utopie der Gleichheit Aller« würde die »Vielfalt der gewachsenen Kulturen« der Völker vernichten. Die Kultur würde das jeweilige Volk »aus den Werten seines biologischen Gehaltes« entwickeln, was »nicht nur eine animalische Angelegenheit« sei, »sondern im Geistig-Seelischen ihren Aufstieg« fände. Das »Blutserbe« bestimmt das »Geistig-Seelische«. Den Text bebildert eine Aufnahme eines Denkmals von Goethe und Schiller.

Mit diesem deutschen Kulturverständnis propagierten extreme Rechte schon für viele Kriege. Zwei Kriege erfassten die ganze Welt. »Nationalismus ist allemal tödlich«, hebt Johannes Fried hervor. Diese Hetze und der Hass der heutigen »Wir sind das Volk«-Rufer, »Feuerwerfer«, Gewalttäter und Zukunftsängstler seien ein Rückfall ins Vergangene, meint der emeritierte Professor für Mittelalterliche Geschichte und verweist darauf: »Solches lehrten Goethe oder Schiller nicht.« Kunst, Literatur, Musik und Theater sind in diesem Milieu kulturelle Mittel zur völkischen Platzgewinnung im vorpolitischen Raum. Sie vereinnahmen Dichtung und Schauspiel, um anhand von Heldenepen eine deutsche Identität zu konstruieren, die ungeachtet von historischen Tatsachen und gesellschaftlichen Entwicklungen einen heroischen Charakter vermittelt. Die Schauspieler auf der Bühne waren Laien, bei der politischen und ideologischen Landnahme sind sie es nicht.

Von der Wiege bis zur Bahre

Völkische Lebenswelten

Hedin Heidrich Alfred und Friedrich Ansgar werden 2017 geboren. Halgund Sonntraud Gretel und Eorich Oswald kommen 2018 zur Welt. Die »Nordische Zeitung« begrüßt die Neugeborenen mit einer Anzeige in den Reihen der »Gefährtenschaft«. Die Eltern der Kinder gehören zur *Artgemeinschaft – Germanische Glaubensgemeinschaft wesensgemäßer Lebensgestaltung,* neben dem *Bund für Gotterkenntnis – Ludendorff* die größte religiöse Vereinigung der Rechtsextremen. Die altmodisch klingenden Namen der Kinder sind Teil der straffen Lebenswelt ihrer Familien. Ihre Ideologie ist die Grundlage ihrer Lebensform. Denn die *Artgemeinschaft* betrachtet sich als völkischen Kampfverband, der seine Mitglieder verpflichtet, einem »Sippengesetz unserer Art« zu folgen. Das Wort »Art« steht synonym für »Rasse«. Rassismus und Germanenkult werden zur Religion erhoben. Das »Sittengesetz« der Organisation gebietet »Zuneigung und Liebe gegenüber Verwandten, Freunden und Gefährten. Wachsamkeit und Vorsicht gegenüber Fremden« sowie »Härte und Haß gegen Feinde«. Mit der Namenswahl beginnt für die Kleinen weit über die Artgemeinschaft hinaus die politische Indoktrination. Vornamen wie Irmhild, Helrun, Godelind, Heilwig, Thoralf oder Nordulf entsprechen in diesen Kreisen einer Logik, die besagt: Zu deutschen Kindern gehören starke deutsche Namen. »Unsere Vorfahren gaben ihren Kindern nur sinnvolle deutsche (germanische) Namen«, hieß es 2005 exemplarisch für dieses Milieu im Kalender der nationalsozialistisch geprägten Jugendorganisation *Heimattreue Deutsche Jugend* (HDJ). Es gibt Listen mit Namensvorschlägen und Deutungen, wie sie zeitweilig auf der Homepage der rechtsextremen Frauengruppe *Düütsche Deerns* aus Schneverdingen zu sehen waren.

Petra Müller, Aliasname: Birka Vibeke, aus der Nähe von Güstrow gilt in der Szene als Expertin bei der Namenswahl. Gemeinsam mit ihrer Tochter Gerhild veröffentlichte die Aktivistin der *Artgemeinschaft* 2015 das Buch »Unsere Namen – Begleiter durch ein ganzes Leben«, zu bestellen auch bei Amazon. Der Vorname soll eben nicht »nur schön klingen, sondern auch zur Persönlichkeitsbildung des Menschen beitragen«, schrieb Vibeke auf ihrer damaligen Homepage »Feiergestaltung«. Denn der Name kündige an, »was ein Kind sein wird, da er ihm die Verpflichtung auferlegt, es zu werden. Dies ist germanische Namenstradition.« Plakativ betrachtet haben Mädchen fürsorgliche Mütter und Jungen mutige Kämpfer zu werden. Denn innerhalb dieser homogenen »Volksgemeinschaft« herrscht ein biologistisches Weltbild vor, die Geburt entscheidet über die Rollenzuteilung entsprechend einer »natürlichen Geschlechterordnung«. Das kann massive Einschränkungen der individuellen Entfaltungsmöglichkeiten der Frauen und Männer nach sich ziehen. Die Formung der Kinder nach geschlechtsspezifischen Kriterien zählt wie die Namenswahl zur politischen Willensbildung. Irmgard bedeutet etwa »kräftige Schützerin«. Bernhard steht für den, der »hart, kühn, stark wie der Bär« werde, Wolfram hingegen werde einmal klug »wie Wolf und Rabe, Odins ständige Begleiter«. Beliebt sind in diesen Kreisen auch Vornamen, die an NS-Helden erinnern, wie Rudolf (Heß) oder Wernher (von Braun). Für betroffene Kinder kann eine derartig markante Namenswahl zur Stigmatisierung führen und zur alltäglichen Belastung werden. Nicht selten sind sie auffällig. Als Hinweis auf einen möglichen politischen Hintergrund der Eltern sollten die Namen jedoch nur in Kombination mit weiteren Merkmalen verstanden werden. Solche Indizien können besondere Erziehungsauffälligkeiten, straffe Verbote oder ein sehr bestimmtes Feindbildschema bereits bei Kindern darstellen. Schritt für Schritt kann sich Erziehern und Lehrkräften eine Lebenswelt zeigen, die wenig mit der modernen, vielfältigen und offenen Mehrheitsgesellschaft gemein hat.

Eine Geburt ist innerhalb dieser Gruppen von herausragender Bedeutung, da sie sich als generationsübergreifende Lebensbünde verstehen, die nur dank hoher Geburtenraten überleben. Nachwuchs bringt Anerkennung, Großfamilien werden besonders geehrt. Es sei »bitter notwendig«, schreibt Helge Hilse von der extrem rechten Kampagnenplattform *Ein Prozent für unser Land,* kinderreiche Familienstrukturen aufzubauen, »in denen der Geist unseres Volkes würdig, klug und gesittet zu Hause ist«. Der deutsche Staat solle »große deutsche Familien ermöglichen und bevorzugen«, forderte die *Junge Alternative* 2017 bei Facebook: »Das ist die Heile Welt, die wir uns wünschen!« Im Sinne der Neuen Rechten ist die Familie das »vertrauteste Widerstandsnest«. »Es sollte jedem darum gehen, selbst eine zu gründen und Traditionen zu stiften«, lautet der Aufruf des *Identitären* Mario Müller in seinem Buch »Kontrakultur«, 2017 im Antaios Verlag erschienen. Aus Sicht des *Freibundes* stellen Familien »stabil geordnete, harten und gemeinschaftsorientierten Gesetzen folgende, kleine Lebenskreise« dar. Von besonderer Bedeutung für »gemütstiefe Empfindungen für Heimat, Volk und Vaterland« seien »fest verortete oder sich verortende Familien- und Sippenverbände, die für ihre Nachkommen Orte heimatlicher Geborgenheit und geschichtlicher Identität« bilden. Darauf könnten sich die »Eigenschaften eines Volkes wie Selbstständigkeit, Festigkeit, Tapferkeit und Überlebensfähigkeit« begründen, heißt es in der *Freibund*-Zeitschrift »na klar!«, Ausgabe 3/2006. Fundamentalistisch orientierte Wortführer der *Alternative für Deutschland* werden noch deutlicher. Ganz im Stil völkischer Ideologie sagte der in Rumänien geborene Islamwissenschaftler Hans-Thomas Tillschneider, AfD-Landtagsabgeordneter in Sachsen-Anhalt, beim »Kyffhäusertreffen« seiner Partei 2018: »Es gibt ein deutsches Verständnis von Familie, eine deutsche Art, sich zu kleiden. Es gibt eine deutsche Art zu arbeiten, eine deutsche Art zu kochen, eine deutsche Art zu musizieren, und diese Art unterscheidet sich von allen anderen Völkern.« Andreas Kalbitz, ebenfalls Vertreter des nationalistischen »Flügels« der AfD und Brandenburger Landeschef, propagiert: Die Familie als »Keimzelle einer jeden Gesellschaft zu begreifen«, bedeute, »sich von einer rein materialistischen Welt- und Wirtschaftsauffassung zu befreien. Ziel sei es, das deutsche Volk als »Solidargemeinschaft zu erhalten und den demographischen Wandel schrittweise zu verändern«. Die Aussage des ehemaligen Fallschirmjägers der Bundeswehr Kalbitz, der bis 2015 den rechtsextremen Verein *Kultur- und Zeitgeschichte, Archiv der Zeit* leitete, ist als Plädoyer für ein Zwei-Klassen-Sozialsystem entlang kultureller und ethnischer Linien zu verstehen. Ganz entsprechend dem Motto: Erst die Deutschen, dann die anderen. Er stamme aus einer »hochpolitischen Familie«, sagte der Thüringer AfD-Politiker Björn Höcke im Hinblick auf seine aus Ostpreußen stammenden Vorfahren. In dem Gesprächsband »Nie zweimal in den denselben Fluss« schwärmt er von Vater, Großmutter und Großvater und seiner Kindheit in einem Dorf. Nicht, ohne zu betonen, dass seine Großmutter am Verlust der »alten Heimat« litt. Aus einer ostpreußischen Vertriebenenfamilie zu kommen, scheint Höcke stark geprägt zu haben. Führt er doch aus, »dass neben der Massenvertreibung aus Ostdeutschland auch an die hunderttausenden Alten, Frauen und Kinder, die im Inferno des anglo-amerikanischen Bombenterrors umkamen«, mehr erinnert werden müsse. Die Erzählungen seiner Großmutter ließen ihm »die menschliche Tragik im Krieg, während der Flucht und Vertreibung, sowie die elementare Bedeutung von Heimat bewusst« werden, sagt Höcke in dem im rechten Manuscriptum Verlag 2018 erschienen Band. Und er behauptet, »führende Grünen- oder Linken-Politiker und manche Medienleute« würden regelrecht »über unseren bevorstehenden Volkstod durch den Bevölkerungsaustausch« jubeln. Höckes Vater hatte den Recherchen des Soziologen Andreas Kemper zufolge die antisemitische Zeitschrift »Die Bauernschaft« im Abo, Kundennummer 1563. Anfragen dazu beantwortete Höcke nicht. »Die Bauernschaft« stellte bis Mitte der 1980er Jahre eine wichtige internationale Plattform für die Leugnung des Holocausts dar und bot Platz zum schriftlichen Austausch. Ihr Vertrieb erfolgte in Deutschland klandestin. Sogenannte Heimatvertriebene aus den ehemaligen Reichsgebieten wie auch deutschstämmige Auswanderer nach 1945 blieben per »Bauernschaft« in Kontakt. Dort suchte ein »blondes nordisches Fräulein« aus Akademikerfamilie, »auf dem Parkett eine gute Figur und im Haushalt perfekt«, »bescheiden« und »erbgesund«, einen Gatten. In der Ausgabe 1/1992 argumentiert Leserbriefschreiberin Adelheid Gieß aus Namibia: »Rasse- und Stammesbewußtsein sind nichts anderes als naturgesetzliche, Leben und Ordnung erhaltende Kräfte.« Das Titelbild dieses »Bauernschaft«-Heftes ziert im Übrigen ein Gemälde des Malers Adolf Hitler. »Was passiert mit einem Kind, das in einer Familie aufwächst, in der volksverhetzende Zeitschriften wie ›Die Bauernschaft‹ zur normalen Alltagslektüre gehören?«, fragt Wissenschaftler Andreas Kemper mit Blick auf Björn Höcke. Nationalistische Familienverbände leben vom Transfer von Ideologie und Volkstum an die nächsten Generationen.

Die rechte Tradition, »kleine Gefährten« bei der Geburt mit Leitsätzen zu begrüßen, ist seit Generationen beliebt. In der »Nordischen Zeitung« geben die Eltern des kleinen Friedrich Wilhelm, Rainer und Julia, ihrem Neugeborenen 2017 eine heroische Parole mit auf den Lebensweg: »Die Grenzen sicher mit dem Schwert, und auch die eigne Scholle. Das Blut ist aller Mühen wert, und dient des Volkes Wohle.« Auch Erik wurde in die Szene hineingeboren. Der junge Mann aus Ostwestfalen ist heute 19 Jahre alt. Zur Geburt wählten seine Eltern einen unauffälligen skandinavischen Vornamen, betonten aber sogleich in der Geburtsanzeige in der »Nordischen Zeitung«, Ausgabe 1 aus dem Jahr 2000, Erik bedeute »der Ehrenreiche«. Der Bezug zum Altnordischen, zugleich zu Pathos und Heldenmythen sollte hervorgehoben werden. Einschlägige Geburts- und Todesanzeigen richtig zu deuten, ist für Außenstehende nicht einfach. Die Inserate werden zumeist in Frakturschrift gehalten und mit einer sogenannten Lebensrune (Algiz) verziert, die altnordischen Runenalphabeten entnommen wurde. Unzählige Jungen und Mädchen erlernen Runen und germanische Symbole – zu denen auch Odalrune und Hakenkreuz zählen – frühzeitig in den Zeltlagern und Schulungen nationalistischer Jugendorganisationen. Erik ist am »14. 10. 3799 n. St.« geboren. Die Abkürzung »n. St.« steht für »nach Stonehenge« und verdeutlicht die Ablehnung der üblichen christlichen Zeitrechnung. Stonehenge, der berühmte Steinkreis in Großbritannien, soll etwa 1800 vor Christi errichtet worden sein, er gilt als besondere Leistung der heidnischen Vorfahren. »Ewig sei das Leben, in unseren Kindern leben wir weiter, wenn nicht die Kette der Ahnen unterbrochen wird«, stand als Begleitspruch in Eriks Geburtsanzeige.

Gerlinde, geboren »3798 n. St.«, wuchs keine zehn Kilometer entfernt von Eriks Zuhause auf. Kein Zufall. Die Familien gehörten der *Heimattreuen Deutschen Jugend* an. Eriks Vater Andreas, Jahrgang 1969, ist dem Staatsschutz der Polizei in Bielefeld seit August 2006 als »rechtsextremer HDJ-Aktivist bekannt«. Sein Name fand sich in einer Mitgliederliste des Landeskriminalamtes Nordrhein-Westfalen von 2008. Eriks Vater hatte zwei Jahre zuvor mit Familienangehörigen an einer Veranstaltung der HDJ auf dem Nachbargrundstück teilgenommen. Gerlindes Vater leitete zu diesem Zeitpunkt die »Einheit Hermannsland« der *Heimattreuen*. Diese Organisation fiel mit ihrem soldatischen und bedingungslosen Erziehungsanspruch besonders auf. Gewalt- und Einschüchterungsvorwürfe wurden bekannt. Investigativ gefilmte Aufnahmen des Lagers mit uniformierten Kindern sorgten im Sommer 2006 für Aufmerksamkeit. »Der Heimat und dem Volke treu« stand am selbstgezimmerten Eingangstor. Eine schwarz-weiß-rote Fahne flatterte im Wind. Daneben war ein Wachturm errichtet worden. An einem der vielen weißen Zelte hing ein Schild mit der Aufschrift »Führerbunker«, auf anderen stand »Germania« oder »Alemannia«. Das Lager auf der entlegenen Wiese bildete eine Woche lang das Domizil von rund 120 zumeist jugendlichen Zöglingen. In der HDJ lernten Mädchen und Jungen, NS-Verbrecher zu verehren, Mut- und Messerproben zu absolvieren, sich mit Haut und Haaren der hierarchisch strukturierten Gemeinschaft zu unterwerfen. Die »Einheit Hermannsland« unter Gerlindes Vater galt als besonders straff organisiert. Drei Jahre nach dem HDJ-Sommerlager fand die Polizei 2009 auf dem Gelände von Eriks Eltern in einem verborgenen Erdloch zehn Kilogramm Schwarzpulver und Zündschnüre. Der Sportschütze habe alles »sachfremd« aufbewahrt, lautete der Vorwurf. Weniger glimpflich kam Gerlindes Vater aus Berlebeck davon, er war bereits 1999 wegen Sprengstoffbesitzes zu einer Bewährungsstrafe verurteilt worden. Gerd, von den Großeltern »national« erzogen, war zunächst »Gauführer Westfalen« der paramilitärischen *Wiking-Jugend,* die nach dem Vorbild der *Hitlerjugend* 1952 in Wilhelmshaven gegründet worden war. 1993 fiel Gerd der Polizei im Zusammenhang mit Wehrsportübungen auf. Die Behörden ließen das familiäre Grundstück in Berlebeck dann später monatelang überwachen. Bizarr: Gerlindes Großvater saß nicht nur im Schiedsgericht der rassistischen *Artgemeinschaft* und beteiligte sich bis ins hohe Alter am »Germanischen Sechskampf«, er war auch Jugendwohlfahrtspfleger der Stadt Detmold. Später wechselte er in die Justizvollzugsanstalt und betreute jugendliche Straftäter nach ihrer Entlassung. Sein Sohn wurde Ordnungskraft in der NPD. 2006 beteiligten sich Eriks und Gerlindes Vater gemeinsam am HDJ-Lager in der Nähe der Externsteine, einer markanten Felsformation im Teutoburger Wald, die zu den »Kraftorten« der heidnisch geprägten Szene zählen. 2008 kam es dann zu Razzien gegen die HDJ, rund 90 Wohnungen von Mitgliedern wurden bundesweit durchsucht. Die Fraktionen der Regierungskoalition, bestehend aus SPD, CDU und CSU, hatten nach zahlreichen Berichten einen Verbotsantrag gegen die Jugendorganisation gestellt. Darin hieß es: »Das Lebensbund-Konzept der

HDJ zielt darauf ab, Freizeitangebote für Familien und Kinder anzubieten, welche der Verbreitung antisemitischer und völkischer Ideologie dienen. Nach Eigendarstellung der HDJ sollen bereits ›Kleinstkinder‹, aber auch Jugendliche in die Aktivitäten eingebunden und somit nach Familiengründung ein Ausscheiden aus der rechtsextremistischen Szene verhindert werden.« Die Verantwortlichen der HDJ zeigten sich wenig beeindruckt und machten zunächst ungehindert weiter. Bis mit dem Verbot des Bundesinnenministeriums 2009 das endgültige Aus erfolgen sollte. Der offizielle Organisationsrahmen verschwand, das personelle Netzwerk blieb.

Gerd aus Berlebeck, gelernter Tischler und Vater von insgesamt fünf Kindern, setzte gemeinsam mit seiner Ehefrau die Jugendbetreuung in Kleingruppen einfach fort. So versammelten sich etwa 60 Anhänger Anfang April 2017 auf dem Berlebecker Anwesen des ehemaligen HDJ-Leitführers – darunter zahlreiche Kinder. Am 13. Januar 2019 kamen rund 35 junge und ältere Anhänger zusammen. Die beiden Treffen seien die größte in einer langen Reihe von Aktivitäten gewesen, berichten Beobachter des antifaschistischen Portals »hiergeblieben.de« aus Bielefeld, die immer wieder auf die HDJ hinweisen und die politisch motivierten Zusammenkünfte dokumentieren. Unter den Besuchern seien mindestens 15 polizeibekannte Rechtsextreme aus der Region. Auch Eltern aus der *Artgemeinschaft* liefern mitunter den Nachwuchs ab. Zeugen sahen Kinder in schwarzen Hosen und blau-grauen Hemden. »Die Kleidung ähnelte stark der Uniform der HDJ«, sagte Frederic Clasmeier von der »Beratungsstelle gegen Rechts« gegenüber der »Lippischen Landeszeitung«. Die Experten sehen das Kindeswohl in Gefahr. Das Infoportal »hiergeblieben.de« berichtete zudem von einem Vorfall auf dem Gelände. Bei Bogenschießübungen habe es demnach eine Auseinandersetzung mit militärischem Tonfall gegeben. »Steh endlich auf«, sei laut befohlen worden, danach soll ein Junge den Hang hinaufgeschliffen worden sein. »Das war kein Spaß, keine Spielerei«, werden Zeugen zitiert. Doch geschehen ist bisher nichts. Polizei- und Verfassungsschutzbehörden in Nordrhein-Westfalen zeigen wenig Interesse, das bereits 2009 erfolgte Verbot der HDJ auch im Hinblick auf mögliche Nachfolgestrukturen umzusetzen. Dabei sollte spätestens seit 2017, als Heidrun Benneckensteins Insiderbericht über das Innenleben der *Heimattreuen Deutschen Jugend* erschien, klar sein, welche Folgen fortwährender rechtsextremer Kinderdrill haben kann. Der von den Eltern auferlegte Zwang zur Selbstisolation, die oftmals geforderte Verheimlichung eines Doppellebens sowie ständiges Misstrauen gegenüber Mitmenschen können schwerwiegende Folgen für die Kinder nach sich ziehen. »Viele dieser Kinder kommen früher oder später in Loyalitätskonflikte, weil Dissonanzen und Konflikte zwischen der von zu Hause vermittelten Ideologie und Lebensweise und ihren Erfahrungen in Kindergarten, Kita, Schule oder anderer nicht-neonazistischer Sozialisationsinstanzen entstehen«, warnen die Wissenschaftlerinnen Esther Lehnert und Heike Radvan, denn »solche Loyalitätskonflikte überfordern Kinder und schränken ihre Persönlichkeitsentwicklung ein«.

Aussteigerin Heidrun Benneckenstein ist eine der wenigen Frauen aus rechtsextremer Familie, die nicht den vorgegebenen Weg gingen und offen über die angestrebten Erziehungsziele von Vater und Stiefmutter sprechen: »Wir saßen am Lagerfeuer, sangen verbotene Lieder, marschierten kilometerweit durch Wälder und sprachen uns mit ›Kamerad‹ und ›Heil Dir‹ an«, berichtet sie in ihrem Buch »Ein deutsches Mädchen«. Abends musste sie Vorträgen über »Rassenkunde« oder Versen des NS-Dichters Heinrich Anacker lauschen. »Alle zusammen waren wir eine eingeschworene Gesinnungsgemeinschaft mit wenig Raum für Individualität oder persönliche Vorlieben«, erinnert sich Benneckenstein. Dort herrschte außerordentliche Prinzipientreue. Der Preis für ihr kritisches Buch war die Trennung von einem Teil ihrer Familie. Ein schwerer Schritt, der sie aber frei für neue Wege werden ließ.

Erik und seine Freundin Gerlinde aus Ostwestfalen sind der Szene dagegen treu geblieben. Gemeinsam beteiligte sich das junge Paar im Mai 2018 an einer großen Soli-Aktion für die inhaftierte Ursula Haverbeck in Bielefeld. Gerlindes Mutter hatte die befreundete Holocaustleugnerin, Jahrgang 1928, zuvor bei einem Prozess betreut. Wenige Monate später fuhren die jungen Leute mit Vätern und Eriks jüngeren Brüdern zur Demonstration am 1. September 2018 nach Chemnitz. Der Aufmarsch wurde zum Symbol für den Schulterschluss zwischen *Alternative für Deutschland*, *Pegida* und Rechtsextremisten. Die Entgrenzungen der Milieus hatten Experten aus Medien und Beratungsnetzwerken schon in den vergangenen drei Jahren vorhergesehen. An diesem Tag in Chemnitz stand Björn Höcke neben dem *Pegida*-Begründer Lutz Bachmann an der Spitze des Demonstrationszuges. In den Reihen gingen Anhänger der *Identitären Bewegung* mit rechtsextremen Kampfsportlern sowie neu-rechte Publizisten mit Hooligans und organisierten Rechtsextremen mit selbsternannten Wutbürgern. Wenige Monate später, im Januar 2019, erklärte das Bundesamt für Verfassungsschutz, zu erwägen, die AfD möglicherweise zu einem Beobachtungsobjekt zu machen. Für den ostwestfälischen Vater und seine jüngsten Söhne hatte die Teilnahme in Chemnitz Folgen. Mitschüler der Freien Waldorfschule Lippe-Detmold erkannten die erst 13- und 16-jährigen Brüder von Erik auf Fotos zwischen rund 5000 aufgebrachten rechten Demonstranten in Chemnitz. Der ältere von beiden soll zuvor bereits wegen Aggressivitäten und antisemitischer Sprüche aufgefallen sein, heißt es aus der Elternschaft.

Von der Wiege bis zur Bahre sollen deutsche Sippenangehörige in der Gemeinschaft betreut werden. Die Kinder können nicht wählen, ob sie als gesellschaftliche Außenseiter aufwachsen möchten oder nicht. Innerhalb der Gesinnungsgemeinschaft ihrer Familien fallen ihre Namen, die unzeitgemäße Kleidung und antimoderne Erziehung nicht auf, dort ist es normal, sich

Demokratie und liberaler Gesellschaft zu verweigern. »In heutiger Zeit«, heißt es in der Zeitschrift »na klar!«, bedeute ein Bekenntnis zum *Freibund,* »sich frei und selbstbewusst an den Rand der Gesellschaft zu stellen«. Sie verstünden das als ein »Kernteilchen« ihres Selbstverständnisses. Frühzeitig aber wird von Kindern ein Spagat verlangt: sich der Lebenswelt der familiären Autoritäten unterzuordnen und dennoch in der »Feindeswelt« gut zu funktionieren. Polizeieinsätze und Hausdurchsuchungen in den elterlichen Häusern und Höfen gehören nicht selten schon zum kleinkindlichen Erleben in Teilen der Szene. In nationalistischen Organisationen und rechtsextremen Bünden sollen sie als Jugendliche unter Gleichgesinnten Stärkung finden. Kinder, obgleich Betroffene, reifen so bewusst zu Mitverschwörern heran. Oft paart sich die ideologische Indoktrination der Kinder mit der Förderung entsprechender Verhaltensweisen. Einigkeit herrscht fast durchweg darüber, dass Disziplin, Treue, Kameradschaft und Pflichtbewusstsein Usus sind. Der Erziehungsstil ist häufig von einem zutiefst autoritären Gestus geprägt. Kinder haben den Anweisungen ihrer Eltern widerspruchslos zu gehorchen. Vergehen werden mit Strafen geahndet.

Der »Leserbrief einer deutschen Mutter«, veröffentlicht in den »Huttenbriefen«, dem Organ des rechtsextremen *Freundeskreises Ulrich von Hutten,* fand szeneweite Anerkennung. Die »der Schriftleitung der Huttenbriefe persönlich« bekannte Frau lehnte darin Verhütung, Abtreibung und Geburt »auf Bestellung«, also einen Kaiserschnitt, ab, denn dem Kind werde »die Möglichkeit geraubt, den ersten Kampf des Lebens, ja den ersten Kampf um das eigene Dasein zu bestehen!«. Dieser Kampf gehe dann weiter, weshalb die Mutter beanstandet, dass die Kinder in der Regel in den Kindergarten gehen würden, »in dem ausgebildete Pädagoginnen mit politisch korrekter Indoktrinierung beginnen: Multikulti und Gleichmacherei, Genderwahnsinn und Sexualisierung, allgemeine Brandmarkung körperlicher

Auseinandersetzung (vor allem bei Jungen), Vorschulenglisch«. Ziel sei es »ein dem Kind von der Natur angelegtes instinktives Verhalten und alle möglichen, diskriminierenden Vorurteile beizeiten auszutreiben«, meint sie. Sie fordert außerdem »starke Männer«, »nicht diese Weicheier, die sich nicht getrauen dem Feind Einhalt zu gebieten«, Frauen dagegen sollen nicht zu »emanzipierten, armseligen Dingern« werden, sondern in Achtung vor dem Ehemann leben. Szenetypisch verlangt die Autorin bereits von Jugendlichen, sich des »Jahrtausend alten Blutes der Ahnen in Euch« verpflichtet zu fühlen, denn: »Das Blut will zu seinem Recht kommen.«

Rückmeldungen aus Kindergärten und Schulen weisen immer wieder auf ähnliche Verhaltens- und Auffälligkeitsmuster hin. Sie klingen nach Klischee-Unterstellungen und sind doch Realität. Ein Kind weigert sich, in der Kita mit einem dunkelhäutigen Jungen an einem Tisch zu sitzen, beschimpft ihn: »Du gehörst hier nicht hin.« Ein anderes Mal kritzelt ein Kindergartenkind Hakenkreuze aufs Papier, es weiß auch, was es auf empörte Reaktionen zu antworten hat: »Ich darf das, das ist eine Rune.« Manchmal fällt der Nachwuchs aus rechten Familien auch durch gezieltes Schweigen auf: Wenn die Kleinen zum Beispiel montags im Morgenkreis keinen Mucks vom Wochenende erzählen, kann auch das ein Warnsignal sein. Jugendliche kennen den Namen des Konzentrationslagers Auschwitz und stellen dessen Existenz ebenso wie den Holocaust infrage. Oder sie beschimpfen Gleichaltrige als »Juden«. Schokoladenspeisen werden in manchen Familien als »Negerblut« bezeichnet. In den Elternhäusern zeichnet sich häufig eine intensive Kontrolle der Kinder ab, sie werden auf Leistung getrimmt. Auch Heidrun Benneckenstein hat es erlebt. Aus jeder noch so banalen Angelegenheit machte der Vater einen Wettkampf. »Immer ging es um Leistung, Sieg oder Niederlage, Triumph oder Schmach.« Wichtiger Bestandteil seiner Pädagogik seien Feindbilder gewesen, dazu zählten Juden, das »Großkapital«, Linke und Ausländer. Hass und Angst hätten einen Großteil ihres Heranwachsens bestimmt, so Benneckenstein. Latente Aggressivität, aber auch extreme Angepasstheit können bei den Kindern auftreten. Nicht wenige der Betroffenen bringen schulische Bestnoten nach Hause und spielen noch dazu gleich mehrere Musikinstrumente. Die Pädagogin einer freien Einrichtung lobte: »Mit diesen Kindern gibt es überhaupt keinen Ärger, sie sind angepasst und gehorchen.«

Begehrt in einschlägigen Kreisen ist ein Puzzle mit 1000 Teilen und dem Titel: »Deutschland in den Grenzen von 1937«. Es ist im rechtsextremen »Pommerschen Buchdienst« für 13,80 Euro erhältlich. Kinder lernen spielerisch das »Deutsche Reich« kennen – inklusive der Gebiete, die aus Sicht von Eltern und Großeltern noch den Deutschen gehören. Die Zeltlager der rechten Jugendorganisationen führen »ins Memelland« oder nach »Ostpreußen«. Vieles an dieser Pädagogik erscheint paradox. So übertrumpfen sich Jugendliche, insbesondere junge Männer, mit Fernreisen. Nepal, Tibet, Mongolei. Allein in die weite Welt zu reisen, Abenteuer zu überstehen, das scheint für Jugendliche geradezu Pflicht zu sein. So postet »Hermann der Cherusker«, ein junger Mann aus den Reihen einer Siedlerfamilie in Mecklenburg, Fotos vom Trampen mit seinem Cousin durch die Ukraine, Transnistrien und Rumänien. Andere zeigen sich bei Instagram mit waghalsigen Aktionen auf Felsformationen in atemberaubender Höhe. Viele binden sich danach, heiraten früh, werden auf dem Land sesshaft. Zu Hause wird deutsch gesprochen. So heißt es »Weltnetz« statt Internet, »Heimatseite« statt Homepage. »T-Hemd« statt T-Shirt. Fernseher oder Computer werden oftmals gar als »Elektrojuden« bezeichnet. Ehemalige Szenemitglieder berichten von zehn Kniebeugen und zehn Liegestützen als Strafe für die Benutzung eines »Fremdwortes« auf Fahrten oder im Jugendlager. Von ihnen wird Abhärtung verlangt – gegen »hereinströmende Fremde« und »den inneren Verfall infolge von Umerziehung und

HDJ-Zeltlager 2006 in Ostwestfalen, mit dabei ist der Aktivist Alf Börm (r.)

Verweichlichung«, wie es die »deutsche Mutter« in ihrem Schreiben an die »Huttenbriefe« nennt. In manchen Familien haben Kinder beim Schlachten von Vieh auf dem Hof zuzuschauen. Eine junge Frau, die sich »Solilein« nennt, postet bei Instagram ein Foto mit Gewehr und einem toten Rehbock, dazu das Gedicht: »Das ist des Jägers Ehrenschild, daß er beschützt und hegt sein Wild, waidmännisch jagt, wie sich's gehört, den Schöpfer im Geschöpfe ehrt.«

In der *Wiking-Jugend, Heimattreuer Deutscher Jugend* oder anderen rechten Gruppen gedrillte Jugendliche bleiben der Szene treu. Es sind Tausende. Sie gründen Familien und tauchen irgendwann in politischen Zusammenhängen wieder auf. Umso wichtiger sind Aufklärung und Prävention gegen rassistisch motivierte Jugendorganisationen. Der Tarnverein *Arbeitskreis für Lebenskunde* (AfL) des *Bund für Gotterkenntnis – Ludendorff* führt ungehindert Ferienlager durch, in denen die Weltanschauung Mathilde Ludendorffs verbreitet wird. In Schierensee nahe Kiel betreiben sie ein für Treffen und Brauchtumsfeiern genutztes »Ferienheim«. Die Landesämter für Verfassungsschutz bekommen anscheinend nicht mit, was in solchen abgeschirmten Lagern vor sich geht. Die »Gotterkenntnis« war zwischen 1933 und 1945 als dritte Konfession anerkannt. Organisatorisch aber war der Bund nicht bei den Nationalsozialisten eingebunden. Das Nachrichtenmagazin »Der Spiegel« bezeichnete die 1966 verstorbene Mathilde Ludendorff als »Urgroßmutter des deutschen Antisemitismus«. »Ihr Konzept einer rassistisch-religiösen Deutschen Gotterkenntnis bzw. eines Deutschen Gottglaubens entwickelte die promovierte Ärztin in den Jahren der Weimarer Republik«, erklärt die Historikerin Annika Spilker. Kernelement der Ideologie ist der »Abwehr- und Vernichtungskampf« gegen »überstaatliche Mächte«, dazu zählen sie Freimaurer, Jesuiten, die katholische Kirche und vor allem das Judentum. In ihren Schriften hat die Ärztin unter anderem dargelegt, dass die nordischen »Lichtrassen« dem Göttlichen nahe, die »Schachtrassen« dagegen unvollkommen und sündhaft seien. Sie lehrte auch, dass die Juden »insbesondere den Deutschen eine Art von Irrsein« eingepflanzt hätten – die Folge: »Volkstod« durch »Blutsvermischung«. Die meisten *Ludendorffer* werden in den Bund hineingeboren. Die »Sippenverbände« führen nach außen ein unauffälliges Leben, treffen sich aber alljährlich zu Ostern in Dorfmark im niedersächsischen Heidekreis zu einer mehrtägigen Schulung in geschlossener Gesellschaft. Eine Anfrage zu seiner Tätigkeit ließ der *Arbeitskreis für Lebenskunde* unbeantwortet.

Wie stark eine völkische Jugend das spätere Leben noch beeinflussen kann, offenbarte das tragische Leben von Gerwald Claus-Brunner, der vom Opfer zum Täter wurde. Am 15. September 2016 tötete der Berliner Piraten-Politiker seinen ehemaligen Mitarbeiter Jan Mirko L. und nahm sich daraufhin das Leben. Claus-Brunner war wegen seines exzentrischen Auftretens mit Palästinensertuch als Kopftuch und bunter Latzhose in der

Öffentlichkeit bekannt. Auf Antisemitismusvorwürfe reagierte der damals 39-Jährige damit, dass er zukünftig neben der arabischen Kufiya einen Davidstern gut sichtbar an einer Kette trug. Von Rechtsextremen grenzte sich der Piraten-Politiker vehement ab. Das mag seiner Herkunft geschuldet sein. Als Sohn eines Tierheilpraktikers wuchs Gerwald Claus-Brunner auf dem Land nahe Osnabrück auf. Nach dem Mord gab sein jüngerer Bruder Dietwald Claus dem Hamburger Magazin »Stern« ein Interview. Er sagte: »Wir sind zu Rechtsradikalen erzogen worden, wir sind da reingeboren worden, es gab kein Entrinnen.« Dietwald Claus berichtet über die Kindheit auf dem Bauernhof: »Nach außen ein Paradies für Kinder, doch hinter der Fassade herrscht das Gift.« Der Sohn belastete die Eltern schwer: »Sie leugnen den Holocaust und glauben an die jüdische Weltverschwörung.« Im Dorf sei die Familie mit fünf Kindern als »Nazis« bezeichnet worden. Die Eltern entsprachen dem völkischen Erscheinungsbild: Der Vater trug Kniebundhosen, die Mutter trachtenähnliche Kleider. Über Judenwitze habe man gemeinsam gelacht, erinnert sich Dietwald. Dass die Kinder in die Zeltlager des *Bund Heimattreuer Jugend* geschickt wurden, streiten die Eltern Claus nicht ab. Davon, dass Gerwald im Alter von elf oder zwölf Jahren bei einem Lager sexuell missbraucht worden sein soll, wollen sie erst 20 Jahre später erfahren haben. Als die Familie 1996 nach Kanada auswanderte, blieb der 24-Jährige, der sich als Homosexueller geoutet und mit den Eltern überworfen hatte, zurück. Bei der Erziehung ihrer fünf Kinder sei ihnen das »philosophische Erziehungswerk von Frau Dr. med. M. Ludendorff ›Des Kindesseele und der Elternamt‹ eine Stütze gewesen«, schreiben Walter und Gertrud Claus am 18. Oktober 2016 in ihrer Gegendarstellung, die auf dem Portal der völkischen deutschen Partei in Südtirol *Die Freiheitlichen* veröffentlicht wird. Die Vorwürfe ihres Sohnes weisen sie brüsk zurück. Mitglieder des *Bund für Gotterkenntnis – Ludendorff* wollen sie nicht gewesen sein, zitieren aber in ihrer Gegendarstellung wiederum Mathilde Ludendorff, die klargestellt habe, Homosexualität sei eine Erkrankung, die nicht dazu berechtige, den Erkrankten zu stigmatisieren, doch »eine Verführung zur Homosexualität« sei zu verhindern. Keinen Kilometer vom Heimatort der Claus entfernt betrieb der *Bund Deutsche Heimat* ein »Jugendheim«, berichtet der Journalist Julian Feldmann aus Hamburg. Zum *Bund* gehörten nicht nur viele *Ludendorffer* aus dem nahen Nordrhein-Westfalen. Inzwischen leben die Claus in Ostfriesland und sind laut Feldmann in einer neu gegründeten Organisation aktiv, dem *Ludendorff-Heidefriedhof*, dieser soll eine »Ahnenstätte« für Angehörige der Sekte im Raum Oldenburg gründen.

Ein Osterlager der *Artgemeinschaft – Germanische Glaubensgemeinschaft wesensgemäßer Lebensgestaltung* Mitte März 2018 im Südharz nahe dem thüringischen Ilfeld: Zelte werden errichtet, einfach ausgestattete Herbergsräume bezogen. Die jungen und alten Teilnehmer erwartet ein volles Programm. Für die Erwachsenen gibt es Vorträge zu Themen wie »Die uns wesensgemäße Religion im Kulturschaffen des Volkes« oder »Artglaube mit Kindern – Wie schafft man den Spagat zwischen Schule, Alltag und Artglaube?«. Für den Nachwuchs stehen Frühlingsbasteln, Tanzspiele und ein Arbeitskreis mit dem Titel »Kinder erarbeiten sich die Götterwelt – Die Götter Teil 2 – Thor« auf dem Programm. Jugendlichen ab acht Jahren nehmen an »Things« – also Versammlungen – teil. Am Sonntagvormittag werden dann wie immer bei den Treffen die Geburtsleuchter für Neugeborene überreicht. Jedes Mitglied wird mit einer ritualisierten Handlung in die völkische Gemeinschaft aufgenommen. Dazu gehören später Mutproben in den Jugendorganisationen, aber auch heidnische Jahresfeiern. In der »Nordischen Zeitung« als auch auf der Homepage der *Artgemeinschaft* lautet die voraussetzende Botschaft: »Das Sittengesetz in uns gebietet die gleichgeartete Gattenwahl, die Gewähr für gleichgeartete Kinder.« Angelehnt an die vermeintlichen Bräuche des Germanentums, werden regelmäßig »Jahreslauffeiern« zelebriert, die in enger Verbindung zur Natur stehen, viel mit Licht und Dunkelheit zu tun haben. Dazu zählen vor allem die Sonnenwenden im Juni (germanischer Monatsname: Brachet) und im Dezember (Julmond). Das »ewige Stirb und Werde«, wie es in der Zeitschrift »Umwelt & Aktiv« 4/2017 bezeichnet wird. Dort wird »jedem Artgläubigen« angeraten, »für sich und seine Familie« alte Bräuche zu erhalten, erinnern sie doch »an die ewigen Gesetze und den Kreislauf des Lebens und der Natur«. Ganze Familienverbände reisen zu derartigen Feiern, die zumeist entlegen auf ausgewählten Ritualplätzen im Freien stattfinden.

Bei dieser Brauchtumspflege wird das verklärende Urahnenbild der völkischen Bewegung deutlich, zu dem immer auch ein Gefühl von Höherwertigkeit zählt. In harmlos anmutender Volkstümlichkeit sollen Strukturen des Eigenen und Fremden, des Höheren und Niederen ihren Ausdruck finden.

Die Feiern der »Lebenskreise« beginnen mit der »Lebensleite« für die ganz Kleinen, es folgen »Jugendleiten« und bei Heirat die »Eheleite«, ganz zuletzt die »Todesleite«.

Die Geburtsfeiern sind kurz gehalten und finden im Kindesalter zwischen drei und zwölf Wochen statt. Germanische Leuchter werden aufgestellt, zumeist im Garten oder auf einer Wiese. Dann wird ein Gedicht wie zum Beispiel von Thilo Scheller, einem ehemaligen Reichsarbeitsdienstführer, über der »Väter Taten« rezitiert. Eltern, »Treumunde« und Gäste bilden einen Kreis um das Kleinkind. Violine und Blockflöte erklingen. Die Mutter entzündet die Kerze am »Lebensleuchter«. Die »Treumunde« werden mit einem Spruch verpflichtet, Lebensberater des Neugeborenen zu sein. Es folgen weitere Liedstücke oder Gedichte. Beim gemeinsamen Essen spricht der Vater ein paar Worte im Gedenken an die Ahnen, die in seinem Kind weiterleben sollen. So oder ähnlich kann das Ritual verlaufen. Jens Jaeger ist als Spezialist für die Ausstattung heidnischer Feiern zuständig. Er fertigt den handgeschnitzten Geburtsleuchter mit dreiarmigem Hakenkreuz, der Triskele, und »ihrer lebensspendenden Energie« aus Eschenholz an. 40 × 42 cm, für rund 150 Euro. Bei »Kunsthandwerk Jaeger« im thüringischen Langenroda können Irminsul-Leuchter aus Olivenesche, Gedenktafeln, Julleuchter aus Ton mit Verzierungen individuell bestellt werden. Jaeger und seine Ehefrau nahmen unter anderem am Treffen der *Artgemeinschaft* 2003 in Ilfeld teil. »Stärken wir die, die unsere Idee mittragen«, hieß es bereits 2005 in der *Heimattreuen Deutschen Jugend,* dann »stärken wir uns selbst!«. »Der Sattlermeister aus unseren Kreisen stellt neue Trommelriemen her, die Schneiderin näht unsere Fahnen, der volkstreue Tischler stellt die Geburtsleuchter her, nationale Anwälte vertreten uns vor Gericht.« So vertreibt auch der Chef der *Artgemeinschaft* im eigenen »Versandhaus Artam« das »T-Hemd« mit den Schriftzügen »Donnersohn« oder »Heidenkind« für 14,95 Euro. Oder die Organisation *Ein Prozent für unser Land* hat eine Nähmanufaktur ins Leben gerufen. Erhältlich sind dort für kleine Mädchen das »Kopftuch Lotte«, die »Schürze Elli« oder das »Kleid Magda« in altmodischem Stil. »Sind unsere gewachsenen heimatlichen Traditionen im gegenwärtig angebotenen Bekleidungsstil noch erkennbar?«, wird auf der Homepage der Nähmanufaktur aus dem sächsischen Kurort Oybin gefragt und sogleich empfohlen: »Durch Ihren Kauf unterstützen Sie die Rückgewinnung kultureller Räume.«

Eine auffällige, lange Prozession zog sich im Mai 2006 durch die Straßen der Gemeinde Toppenstedt in der Nordheide. Die Frauen trugen Blumenkränze in den Haaren und altmodische lange Kleider im Mittelalter- und Dirndllook. Weiße Hemden und Zunfthosen der Männer gaben dem Ganzen den Anstrich einer historischen bäuerlichen Veranstaltung. Zahlreiche Kinder in Sonntagskleidung mit Knickerbockerhosen und mit roten Wangen liefen an den Händen der Eltern mit. In Bayern wäre diese Hochzeitsgesellschaft wenig aufgefallen, doch im niedersächsischen Landkreis Harburg nahe Hamburg verwunderte sie. Ziel war eine Lichtung in einem Buchenhain. Dort stellte sich das Brautpaar auf, fasste sich an den Händen und bildete eine Brücke. Die über 100 geladenen Gäste liefen einzeln hindurch. Vier Geigerinnen aus befreundeten »Sippen« bauten ihre Notenständer auf und spielten Volksweisen. Zwei hölzerne Eheleuchter wurden vor dem Paar aufgestellt. Es bildete sich durch das Gehölz hindurch ein großer Kreis aus Menschen. Dann wurde über Sinnhaftigkeit und den Stellenwert von Ehe geredet, gesungen, musiziert und schließlich ein Ehe-Gelöbnis des Paares abgegeben. Nach alter Sitte feierten die Gefährten die »Eheleite«. Dann zog die Menge zurück ins Dorf und schaute auf einer Wiese männlichen Fahnenschwingern zu. Danach erst ging es zur Feier in eine alte Scheune. In dieser ritualisierten Form – mit möglichen Variationen – verlaufen Jahr für Jahr Vermählungen.

Auch diese – vor dem Gesetz nicht gültige – Eheschließung stellte vor allem einen verbindenden Szeneevent dar: In Toppenstedt waren Mitglieder der NPD, von der *Heimattreuen Deutschen Jugend*, dem *Sturmvogel*, der *Artgemeinschaft* und anderen Gruppen vertreten. Bei einer »Eheleite« 2017 am abgelegenen Krebssee mitten in Mecklenburg setzte sich die Hochzeitsgesellschaft ebenfalls aus einer völkischen Avantgarde zusammen, neu waren nur die Teilnehmer von der AfD und der *Identitären Bewegung*, die allerdings ebenfalls aus Familien stammen, deren Mitglieder seit Generationen zur völkischen Szene gehören. Die heidnisch geprägte Hochzeit eines junges Paares, nach altem Brauchtum zelebriert, ist Bestandteil eines politischen Gemeinschaftswillens. Als wichtig gilt, dass die richtigen Partner zueinander geführt werden. »Sie ist eine von uns«, mit diesem banalen Satz kennzeichnet ein Bräutigam die Zugehörigkeit seiner Zukünftigen. »In unseren Festen ist trotz der Überfremdung die Weltanschauung des nordischen Menschen im Kern erhalten geblieben«, schrieb die NPD-Funktionärin Edda Schmidt 2010 in der NPD-Zeitung »Deutsche Stimme« (DS). Weltanschauliche

Rituelle »Eheleite« in Mecklenburg, 2017

Feiern sind nach dem Verständnis der Völkischen keine geselligen Zusammenkünfte zum Zweck des »Fröhlich-Seins«, sondern erinnern an Verpflichtungen und Aufgaben.

Eingeladen zur »Eheleite« in Toppenstedt war auch ein sehr junges Paar aus Uelzen mit zwei kleinen Kindern. Die Mutter, Antje, sah damals blass aus, sie trug ihr dunkles Haar in langen Zöpfen geflochten, wie ein junges Mädchen. Bei ihrem Ehemann Baldur war bereits eine Halbglatze zu erkennen. Er trug den ältesten Sohn Theoderich im Arm. Die junge Mutter legte sich immer wieder eine Hand auf den Bauch. Ihre kleine Tochter im rosa-blauen Schürzenkleid war noch nicht lange auf der Welt. Sighild war im Oktober 2005 geboren worden. Das fröhliche Mädchen wurde nur vier Jahre alt. Mit dem Titel »Ein Kind stirbt« widmete die rechtsextreme Zeitschrift »Zuerst!« dem Tod der Kleinen 2010 in der Ausgabe Nr. 2 eine rührselige Homestory. Demnach sei Sighild am 24. Dezember 2009 neben dem Weihnachtsbaum, den sie so liebte, »ohne erkennbaren Grund« und »still und ohne Schmerzen« gestorben.

Sechs Jahre später stellte sich in einem Prozess vor dem Landgericht Hannover heraus, dass davon nicht allzu viel wahr war. Die Staatsanwaltschaft machte den 32-Jährigen und seine vier Jahre jüngere Frau für den Tod des an Diabetes gestorbenen Kindes mitverantwortlich. Weder seien die Eltern mit ihr regelmäßig zu ärztlichen Kontrollen gefahren, noch hätten sie am Heiligabend rechtzeitig den Notarzt alarmiert. Beide Eltern bewegen sich seit ihrer Geburt in der vor allem völkisch geprägten Szene. Obwohl die ideologische Motivation im Prozess vorgeblich »keine Rolle« spielte, stand der Vorwurf im Raum, die Eltern hätten die Schulmedizin abgelehnt und aus diesem Grund die nötige Dosierung des lebensnotwendigen Insulins vernachlässigt. Sighild litt an der bei Kindern seltenen Form von Diabetes Typ 2. Laut Anklage könnten die Eltern möglichen Vorgaben des inzwischen verstorbenen, ehemaligen Arztes Ryke Geerd Hamer gefolgt sein. Dessen »Germanische Neue Medizin« ist beliebt in rechten Kreisen, gilt aber außerhalb diesen als gefährlich. Sighilds Mutter Antje hatte, laut Angaben eines Verwandten, Veranstaltungen der »Germanischen Neuen Medizin« bei völkischen Freunden im Landkreis Uelzen besucht. Hamers Lehre zufolge dürfen Medikamente auch bei schweren Erkrankungen nur in Ausnahmefällen verabreicht werden, da Krankheiten auf inneren Konflikten beruhen. Dem Mediziner wurde bereits 1986 die Approbation entzogen. Weil er aber weiter praktizierte, wurde er mehrfach verurteilt. Darüber hinaus musste sich Hamer vor Gericht verantworten, weil er immer wieder Patienten in akute Lebensgefahr gebracht haben soll. Die »Germanische Heilkunde« wird nach Hamers Tod durch den österreichischen Staatsverweigerer (Reichsbürger) Helmut Pilhar weitervermittelt. Im Verfahren in Hannover erweckten die Aussagen der Eltern den Eindruck, dass Sighilds Krankheit keine große Aufmerksamkeit geschenkt worden war. Erst als das Kind schon tagelang litt, Blut spuckte und sein Atem stillstand, holten sie Hilfe. Die Mutter räumte ein, wegen einer eigenen Magen-Darm-Erkrankung ihrer Zweitältesten kein Insulin

Grabstein für Sighild auf einer »Ahnenstätte« in Niedersachsen

verabreicht zu haben. Auch war die kleine Schwester Ingrun gerade einen Monat alt. Die Eltern schienen überfordert oder nicht gewillt, anders zu handeln. So habe sich Sighild ein Doppelgitterbett mit dem fast einschulungsreifen größeren Bruder geteilt. Mutter Antje selbst ist in der *Artgemeinschaft* groß geworden. Ihr Vater ist im Vorstand der Glaubensgemeinschaft. Auch Baldur, Sighilds Vater, stammt mit elf Geschwistern aus einer österreichischen Großfamilie, die sich im rechtsextremen Milieu einen Namen gemacht hatte. Sein Vater war bereits 1990 Redner beim Holocaustleugner-Kongress in München mit dem Titel »Wahrheit macht frei«. Nach dem Umzug von Österreich nach Sachsen empfing er die Gäste im Renaissanceschloss Noschkowitz nahe Döbeln. Baldurs Mutter, an Krebs erkrankt, lehnte eine Chemotherapie ab, bevor sie starb. Gesunde Ernährung sei immer ein Thema in seiner Familie gewesen, berichtete Baldur vor Gericht. Er bestätigte, in den zwei Jahren zwischen der Diagnose und dem Tod sei das Kind von keinem Arzt betreut worden. Ihre Eltern erhielten je acht Monate Haft wegen fahrlässiger Tötung, ausgesetzt zur Bewährung. Sie sind heute noch bei der *Artgemeinschaft* aktiv. Sighilds Grab ziert ein Findling mit ihrem Namen in Frakturschrift. Darüber ist ein kleines Pony in den Stein graviert. Begraben wurde das Mädchen mit einer »Totenleite« auf der *Ahnenstätte Hilligenloh* im niedersächsischen Hude, einem Friedhof, dessen Leitung jahrzehntelang dem *Bund für Gotterkenntnis – Ludendorff* nahestand.

Auf grünen Wegen zur Volksgemeinschaft

Das Magazin »Umwelt & Aktiv« als Brücke in die ökologische Bewegung hinein

Der Relaunch des Magazins kaschiert die Intention. Moderner, stylischer und dynamischer will die Redaktion um Christoph Hofer an die Öffentlichkeit treten. Das Magazin »Umwelt & Aktiv« (U&A) ist luftiger gestaltet. Größere Bilder, weniger Text auf rund 50 Seiten, nach über zehn Jahren eine gravierende Veränderung des Designs. Doch auf dem Cover der »Zeitschrift für gesamtheitliches Denken« bilden die Begriffe »Naturschutz – Tierschutz – Heimatschutz« noch immer den Untertitel. Die Irminsul aber ist weggefallen – jener Weltenbaum, der in der nordischen Mythologie auch als Yggdrasill Himmel, Mittel- und Unterwelt verbindet. Ein in nationalistischen Kreisen beliebtes Motiv. Die Redaktion mag sich aus strategischen Gründen von diesem Symbol verabschiedet haben, um breitere Leserschichten anzusprechen. Die Hoffnung wurde nicht enttäuscht. »Nach dem Re-Design« sei die Auflage »noch einmal deutlich angestiegen«, sagt Bettina Bernhardt von der Redaktion. Sie läge mittlerweile bei 5000 Exemplaren. Drei Viertel der Auflagen würden Abos ausmachen. In »ausgewählten Verkaufsorten« sei das Magazin zu kaufen. Die Redaktion selbst kommt aus dem rechtsextremen Spektrum. Ihre Ausrichtung verschweigt Bernhardt auch nicht: »In Summe hat uns das Erstarken rechter Bewegungen und Parteien in Deutschland und Europa auch wirtschaftlich sehr geholfen.« Das Magazin, welches in 24 Staaten auf vier Kontinenten gelesen werden kann, präsentiert eine völkische Ideologie. Naturschutz ist seit dem 19. Jahrhundert ein ureigenes Bestreben der Nationalisten. Für dieses politische Milieu ist das Magazin heute das Umweltblatt. Längst ist es den bayerischen Blattmachern gelungen, auch in alternativen Milieus wahrgenommen zu werden – Akzeptanz zu finden. Rund 2000 Likes erhielt »Umwelt & Aktiv« Anfang 2019 bei Facebook.

Die Cover, Artikel und Meldungen des Vierteljahresmagazins vermitteln nicht immer gleich, aus welcher Haltung heraus sich die Redaktion für Natur, Tier- und Heimatschutz einsetzt. Das erste Cover aus dem Jahr 2007 zierte ein Großbild von einer Sonnenblumenblüte. Das letzte Cover aus dem Jahr 2018 zeigt eine Unterwasseraufnahme von einem Riff mit Fischen. Um die Jahreswende 2018/2019 wird auf der Webseite die Silvesterknallerei als »eine Katastrophe für unsere Vogelwelt« beklagt, sich für den Kauf eines »ökologischen Weihnachtsbaums« und »nachhaltige Mode« starkgemacht. Themen, die viele Menschen bewegen. Bei der virtuellen Präsentation ist die politische Ausrichtung dann aber doch schnell deutlich. Dort findet sich ein Gespräch mit Sebastian Zeilinger zum »Projekt AHA!«. Im Anlauftext verdeutlicht die Redaktion, dass es sich hier um eine »der ersten NGOs von rechts« handelt, die Fluchtursachen im Mittleren Osten bekämpfen will. Im Interview kann der bayerische Aktivist Zeilinger die *Identitäre Bewegung* als eine Gruppe von »jungen, europäischen Patrioten« verharmlosen, die »10 Familien in den Flüchtlingslagern des Libanon« ehrenamtlich unterstützen würde. Zeilingers Bruder Michael, der bereits 2008 als Autor für »Umwelt & Aktiv« auftrat, ist für die IB auf die Straße gegangen und war jahrelang Bundesführer der völkischen Jugendorganisation *Sturmvogel – Deutscher Jugendbund*. Sebastian Zeilinger sagt im Interview, die Kampagne AHA! (Alternative Help Association) würde der »ur-identitären Forderung nach ›Hilfe vor Ort‹« folgen. Viele der etablierten Nichtregierungsorganisationen seien stark im linken Milieu verankert und größtenteils Unterstützer der Open-Border-Fraktion, sagt Zeilinger, weshalb man ein »Gegengewicht« schaffen wolle. Wer ihren Anspruch: »Sichere Grenzen, sichere Zukunft« teile, solle daher Spenden nicht der Caritas, sondern lieber AHA! zukommen lassen. Das Projekt soll zugleich stark nach »innen« wir-

Titelseite der Zeitschrift »Umwelt & Aktiv« 3/2017

ken, um »rechte« europäische Jugendliche anzusprechen, denen man die Möglichkeit geben wolle, sich im Rahmen eines Volunteer-Programms vor Ort einzubringen. Auslandsaufenthalte würden helfen, um »Persönlichkeit und Charaktere zu schärfen«, erklärt Zeilinger in dem Interview, das auch in Heft 3/2018 abgedruckt worden ist.

Die Thematik Flucht und Zuwanderung ist in der Öko-Bewegung keineswegs neu. Immer wieder verbinden es rechte Natur- und Heimatschützer mit der Frage, wie viele fremde Menschen die heimische Natur vertragen kann. Im U&A-Heft Nr. 3/2017 wird ohne Namensnennung exemplarisch unter dem Titel »Wie die Migration das Land auffrißt« vorgerechnet, wie Flüchtlinge den »Flächenfraß« beschleunigen würden, denn es seien »vor allem Ausländer – politisch korrekt Menschen mit Migrationshintergrund –, die für das stetige Wachstum der urbanen Zentren verantwortlich sind, die neuen (sozialen-) Wohnraum fordern, die Supermärkte benötigen; die Schwimmbäder besuchen möchten, um sich die viele Freizeit zu vertreiben; Cafés, Kinos, usw.« Würde man von den offiziellen Zahlen des Bundesamtes für Migration und Flüchtlinge ausgehen, hetzt U&A, ergebe dies einen Flächenbedarf von »4697 Hektar für die Neuankömmlinge, Familiennachzug nicht mitgerechnet. (…) Wir sprechen hier von 6578 Fußballfeldern. 18 (!) Fußballfelder pro Tag.« 2015 verhandelt Angelika Willig in Heft 4, inwieweit »neben fremden Pflanzen auch fremde Menschen vom heimischen Boden ferngehalten werden sollten«. Die Philosophin, Mitglied der nationalistischen *Deutschen Gildenschaft,* verweist darauf, dass mit ihnen »ein ökologischer Schaden entsteht«.

Auf der Startwebseite macht die Redaktion auch gleich weitere »Fremde« verantwortlich für die Zerstörung von der Natur. »Skrupellose Internationalisten werden in unserem Land von allen etablierten Parteien gefördert und hofiert, auch von denen, die behaupten, sich dem Umwelt- und Tierschutz verschrieben zu haben«, erklärt Christoph Hofer dort. Diese »Global Player« würden »unsere Heimat zu einem Spielball im internationalen Finanzhandel« machen: »Davon sind alle Menschen betroffen, gleich welcher politischen Gesinnung, gleich welcher Klasse. Der Bauer als moderner Leibeigener genauso wie der Verbraucher als uninformierter Konsument«, schreibt Hofer. Der Text stammt aus dem Editorial der ersten Ausgabe von U&A 2007. Der Herausgeber führt weiter aus: »Der Schutz der Natur beginnt vor Ort, in den heimischen Wäldern, Bergen, Seen und Stränden, kurz in der Heimat. Und dazu gehört auch der Schutz der Kultur als gewachsener Träger des Umwelt- und Tierschutzes vor Ort, frei von kommerziellen Zwängen.« Und er betont: »Wir werden nicht länger jenen Menschen das Thema Umwelt- und Naturschutz überlassen, denen gar nichts an der Heimat liegt.« Die Kampfansage verdichtet er mit der in Großbuchstaben hervorgehobenen Botschaft: »Umweltschutz ist nicht grün«. Extrem braun soll dieser Schutz offenbar sein, ginge es nach dem Magazin.

In der Erstausgabe und auf der Website vollzieht die Redaktion nicht bloß gleich den Vierschritt von Umweltschutz zum Tierschutz über Heimatschutz bis zum Volksschutz. Sie verbindet ihn auch mit der szenetypischen Vorstellung der Verschwörung eines internationalen Kapitals – in diesen Kreisen ein Synonym für die vermeintliche jüdische Weltverschwörung. »Wir wollen Ihnen aufzeigen, wie Tierschutz und Umweltschutz für fremde Interessen und Interessenten, die im Verborgenen agieren, zum Nachteil unserer Heimat und unseres Volkes instrumentalisiert werden«, verspricht Hofer seinen Lesern. Auch parteipolitisch setzte er sich bereits für Heimat, Volk, Natur und Tiere ein – bei der NPD. Für die 1964 gegründete rechtsextreme Partei kandidierte auch der Verantwortliche für die Internetpräsenz des Öko-Heftes, Otto Freimuth.

Die Wahlerfolge der AfD bis hin zum Einzug in den Bundestag 2018 schwächten die NPD bundesweit. Sie verlor Landtagsmandate, Wahlkampfkostenrückerstattungen und Mitglieder. Doch die älteste rechtsextreme Partei mit ihrem aktuellen Bundesvorsitzenden Frank Franz aus dem Saarland hatte in ihrer Geschichte schon schlechtere Zeiten gesehen. Bereits früh griff sie Umweltthemen auf. In ihrem ersten Grundsatzprogramm von 1967 forderte die NPD »den Schutz des Waldes«, eine »gesetzliche Verpflichtung« zur »Reinerhaltung der Flüsse« und »zur Entgiftung und Bindung von Industrie- und Kraftfahrzeugabgasen«. Die Partei hebt gern hervor, dass sie eine der ersten Parteien war, die ökologische Positionen vertreten hätte.

»Ein ökologisch denkender Mensch«, so führte in den 1970er Jahren der NPD-Bundesvorsitzende Martin Mußgnug aus, nehme »automatisch eine rechte Position ein«. Und weiter: »Während Liberalisten und Marxisten weltweit dem Wahn vom ewigen Wirtschaftswachstum huldigten, waren es zuerst rechte Mahner, die vor diesem Irrweg warnten«, so Mußgnug. Er verschwieg allerdings, dass viele Linke den Wachstums- und Fortschrittsoptimismus nicht teilten. Die Forderungen der NPD gingen damals wie heute jedoch nie mit weltweit ökologisch und sozial gleichberechtigten Vorstellungen einher. Die völkischen Motive waren drei Jahre nach der NPD-Gründung deutlich erkennbar.

In den »Deutschen Nachrichten«, einer Wochenzeitung der NPD, wurde am 24. November 1967 zu der Bedeutung der Bauern dargelegt: »In ihrem vollmechanisierten Dasein haben sie die Verbindung mit dem Ursprünglichen eingebüßt, den Kontakt zu Pflanze, Tier und Lebendigem verloren (…) Einst war bäuerliche Lebensart Urgrund und Nährboden für die deutsche Kultur schlechthin (…) Wer darum die deutsche Seele töten wollte, wer das deutsche Volk in seinem Wesenskern treffen wollte, der musste dieses Brauchtum vernichten!« Bürger gegen Bauer ist das alte Motiv gegen eine moderne Gesellschaft, die das deutsche Volk angeblich auslöschen will. In der Wochenzeitung hieß es am 28. April 1967, dass der »vermeintliche Fortschritt (des) Industriezeitalters (…) nur die seelische Verarmung« verursache. Diese Sorge des Verlustes der »gesundheitlichen Substanz« durch eine verfehlte Umweltpolitik bewegte bereits 1973 die Partei auf ihrem Bundesparteitag. Die Mitglieder stimmten zu, einen Passus »Volksgesundheit und Umweltschutz« in das Parteiprogramm aufzunehmen. Der Titel offenbart die Intention. In Angst um das »gesundete Erbgut« des deutschen Volkes erklärten sie, dass »der Schutz der Natur und Umwelt (…) unerlässliche Vorbedingung für die Erhaltung des menschlichen Lebensraums und der Volksgesundheit« sei.

Fünf Jahre später verdichtete die NPD-Jugendorganisation *Junge Nationaldemokraten* in ihrem »Ökologischem Manifest« diese Vorstellungen. 1977 betont die JN darin, dass »Umwelt- und Naturschutz« zusammen mit »Volks- und Lebensschutz« als leitende Gedanken bestimmend sein sollen. Blut und Boden neu formuliert. Knapp 42 Jahre nach diesen ersten Plänen schlägt völkisches Denken in den umweltpolitischen Parteiforderungen weiterhin durch. Im aktuellen Parteiprogramm der NPD heißt es zu »Landwirtschaft und Naturschutz«: »Deutsche Landschaften sind Kulturlandschaften. Deshalb kann Umweltschutz grundsätzlich nicht getrennt von der kulturellen Entwicklung gesehen werden.«

Die enge Nähe zwischen »Umwelt & Aktiv« und der NPD belegen zudem interne E-Mails der Partei, die im Februar 2011 diversen Redaktionen wie der taz und dem »Spiegel« zugespielt wurden. Die E-Mails offenbarten, dass Laura Horn ein Pseudonym der U&A-Stammautorin Berthild Haese ist, der Ehefrau des langjährigen NPD-Kaders Peter Haese, Jahrgang 1937, aus Eggenfelden. Mehrfach bat ihn seine Frau in Mails, Texte zu überarbeiten. »Könntest du dies lesen«, fragt sie am 2. Dezember 2010. Fünf Tage später fordert sie erneut: »Mein lieber Mann, würdest du bitte anliegenden Artikel kritisch durchlesen.« Im Haus der Haeses war auch ein Redaktionstreffen geplant.

Das selbsternannte »nationale Natur- und Umweltschutzheft« war anfänglich formal keine Zeitung. Im Impressum erklärte die Redaktion in der Erstausgabe, dass U&A nicht als »Veröffentlichung im Sinne des Presserechtes« erscheine. U&A sei »vielmehr ein Rundbrief an Mitglieder und Freunde des Umweltvereins *Midgard e. V.*«. 2018 stellte sich das Magazin allerdings als ein »quartalsweise erscheinendes Magazin für Naturschutz, Tierschutz und Heimatschutz« vor, dessen »Verleger« der Verein *Midgard e. V.* sei. Jahresabopreis 22 Euro, Förderabo 35 Euro. Der Verein hat sein Postfach in Traunstein, seinen Sitz in Landshut. Zu den Schwerpunkten der »publizistischen Tätigkeit gehört die Aufklärung über die Gefahren der Gentechnik, der Kampf gegen das betäubungslose Schächten von Tieren, die Forcierung eines ökologisch-ausgeglichenen Lebens und der Schutz der kulturellen Identität«. Die Verknüpfung mit der Identität deutet die wichtige politische Intention an: Der zunehmenden »Verdrängung konservativen Gedankengutes aus der Umwelt- und

Tierschutzbewegung« soll entgegengewirkt werden. Im Dezember 2006 hatten sich die *Midgard*-Vereinsgründer im Hause von Dr. Hans Mirtes in Frontenhausen bei Dingolfing zusammengefunden. Der Gastgeber, von 2006 bis 2009 Bundesvorsitzender des völkisch-revanchistischen *Witikobundes,* trat selbst nicht dem Verein bei, angeblich aus Zeitgründen. Zum Vereinsvorsitzenden wurde Christoph Hofer aus Mitterskirchen gewählt, ihm standen Otto Freimuth, Berthild Haese sowie unter anderen Claudia Laimer zur Seite. Dem Vereinsregister ist zu entnehmen, dass Laimers Ehemann, Hans-Günter, Schatzmeister des Umweltvereines *Midgard* wurde. 2003 kandidierte er für die NPD bei der Bezirkswahl in Passau-Land. Der Inhaber eines Gartenbaubetriebes in Mienbach war früher beim *Nationalen Block* aktiv, der 1993 verboten worden war. Das Motto seiner Firma lautet: »Leben mit der Natur«. »Laimer kommt« stand in gelben Buchstaben an der Frontscheibe eines hellgrünen PKW mit Dingolfinger Kennzeichen, der 2007 den holprigen Weg über die Wiese zum Lagerplatz der *Heimattreuen Deutschen Jugend* entlangfuhr. Hans-Günter Laimer hatte ein Kind dabei. Gemeinsam besuchten sie das mehrtägige Pfingstlager der später verbotenen Jugendorganisation in Eschede in der Lüneburger Heide.

Auf der Webseite des Gartenbaubetriebs der Laimers wird unter dem Punkt »Aktuell« gleich der Mienbacher Waldgarten vorgestellt, eine »Selbstversorger-Akademie«. Es ist ein unabhängiges Projekt, das Hannelore Zech auf einer landwirtschaftlichen Nutzfläche von 8000 Quadratmetern betreibt. Das Gelände hat sie nach eigenen Angaben von Laimer gepachtet. Für U&A habe sie geschrieben, räumt Zech auf Nachfrage ein, betont aber, ihr letzter Artikel sei vor der Beobachtung des Magazins durch das Landesamt für Verfassungsschutz erschienen und sie würde »sich nicht mehr mit der Zeitschrift beschäftigen«. In U&A hatte sie unter anderem darüber geschrieben, wie alkoholische Spezialitäten selbstgemacht werden können, Tauschringe funktionieren oder ein »Krisengarten« angelegt wird.

2013 griff das Naturkostmagazin »Schrot und Korn« diese personelle Verbindung kritisch auf. Um »Lügen und Gerüchte« auszuräumen, veröffentlichte Hannelore Zech daraufhin ein langes Statement. Ohne auf U&A direkt einzugehen, erklärt die Leiterin der Akademie auf ihrer Webseite: »Ich schreibe vielerlei Artikel zu Themen wie Selbstversorgung, Permakultur usw., und diese werden in vielerlei unterschiedlichsten Zeitschriften veröffentlicht. Welche eventuelle Partei oder Glauben bei den Herausgebern hierbei dahinterstecken soll, ist für mich unwichtig.« Die vielbeschäftigte Mutter und Ökoaktivistin – nach eigener Darstellung: Mitglied bei Vieh-eV = Nutztier-Arche, Verantwortliche für das bayerische Permakultur-Netzwerk, und Betreiberin von »Hanne's Waldgartenprodukte« – hebt hervor: sie stünde für »Gerechtigkeit ein« und jeder sei bei ihnen »willkommen, egal welche Hautfarbe oder Glauben er oder sie hat«. Sie stellte sich damals aber noch schützend vor Laimer: »Er hat dieses wunderschöne Projekt erst möglich gemacht. Irgendwelche politischen Einstellungen, sofern sie vorhanden sind, haben uns nie interessiert«, schreibt sie in einem Statement, das noch online ist. Heute dagegen legt sie Wert auf Distanz. Die Argumentation, den Natur- und Tierschutz über alle anderen politischen Positionen zu stellen, findet sich in dieser Bewegung oft.

Im Jahr 2012 verkündete U&A, dass sie »erstmals kostendeckend« gearbeitet habe. Redaktionsmitglied Bettina Rauch, verheiratet mit Chefredakteur Christoph Hofer und regelmäßige Autorin, erklärte gegenüber dem NPD-nahen »Nordland TV« am 27. Juni 2017, alle Autoren und Redakteure würden ehrenamtlich für das Magazin arbeiten. Ihr gemeinsames Ziel sei es, das Thema Umweltschutz den »Konservativen« wieder zurückzugeben, denn da gehöre es hin. »Wir haben uns das Thema irgendwann von den Linken aus der Hand nehmen lassen«, erklärt die junge Frau ihrem Interviewpartner Ulrich Pätzold von »Nordland TV«. Pätzold stammt ebenfalls aus Niederbayern, war in der NPD aktiv und besuchte mit seiner Familie Lager und Treffen der *Heimattreuen Deutschen Jugend.*

Die Strahlkraft der Zeitschrift »Umwelt & Aktiv« reicht längst über die rechtsextreme Szene hinaus. Autoren, die keine Verbindungen zu Rechtsextremen zu haben scheinen, aber bereit sind, für das wichtigste Öko-Organ der Szene zu schreiben, blenden aus, dass die Redaktion von der ersten Ausgabe an keinen Hehl aus ihrer politischen Ausrichtung gemacht hat. So fanden sich bereits in der Erstausgabe Bestellmöglichkeiten für Publikationen aus dem NPD-Verlag »Deutsche Stimme«.

Von weit rechts allerdings kommt die regelmäßige Autorin der Zeitschrift Angelika Willig. Mehr als fünfzehn Jahre war die promovierte Philosophin bei der neu-rechten Wochenzeitung »Junge Freiheit« involviert – mal als Autorin, mal als Redakteurin. Sie schrieb auch in der rechtsextremen »Nation & Europa«. Zeitweilig leitete sie das Magazin »Hier & Jetzt« aus dem Umfeld der NPD-Jugendorganisation.

Im Januar 2009 stellte Laura Horn alias Berthild Haese in der NPD-Monatszeitung »Deutsche Stimme« das U&A-Magazin vor. »Zu unseren Zielen gehört es, das politische Feld des Umweltschutzes wieder mit heimatverbundenen Kräften zu besetzen«, erklärte sie. Ihre Zeitschrift sei »die einzige Umweltzeitung aus dem konservativen (…) Spektrum«, die auch sogenannte Tabuthemen angehe, zu denen sie das Schächten (betäubungsloses Töten von Tieren) zählt. In der ersten Ausgabe von U&A ging sie bereits auf dieses Thema ein und verwies ironisch darauf, dass der Orient weitere »religiöse Bräuche« kenne, die ebenfalls in die Bundesrepublik »importiert« werden könnten, »damit sich die Migranten wie zu Hause fühlen«. Dann verweist sie auf die Genitalverstümmelung an Mädchen, die »vom Koran ausdrücklich abgesegnete Prügelstrafe für Frauen«, Schleierzwang, Steinigen oder Handabhacken. Die sich dahinter verbergende Haltung zeigt das folgende Zitat: »Es ist mehr als an der Zeit, diesen als Religionsfreiheit deklarierten Diaspora-Romantik-Reibach abzuschaffen!«

In Horns Texten vermischen sich gleich mehrere Feindbilder der rechtsextremen Szene miteinander. Alles Schreckliche und Gewalttätige wird auf Fremde projiziert. Aggressionen gegen Frauen in den eigenen Reihen thematisiert sie nicht. Gleichzeitig wird aber gegen Feminismus und Frauenquote gehetzt. Gender-Mainstreaming (GM) gilt gar als abzulehnendes »Umerziehungsprogramm«. In U&A 3/2010 führte Bettina Rauch aus: »Das Gros der Frauen fühlt sich ›weiblicheren‹ Berufen und Aufgaben naturgemäß stärker hingezogen. Ebenso verhält es sich natürlich umgekehrt. Die über Jahrtausende hinweg im Erbgut verankerten Verhaltensmuster werden von den GM-Befürwortern komplett ignoriert.«

Nicht alle Beiträge zu Wasserverbrauch, Bienensterben, Schmetterlingen, genmanipuliertem Saatgut, Gänseblümchen, Bärwurz, Lebendtiertransporten, Fischereiverboten, Frühlingssuppen, Ökostrom, Ausgleichflächen, Windkraft, Biotonne oder Plastikmüll fallen durch rechte Implikationen auf. Die Fakten stammen oft von anderen, nicht-rechten Umwelt- und Tierschutzprojekten oder öffentlich-rechtlichen Medien. Publikationen zu Thematiken jenseits des eigenen Milieus werden durchaus mit empfohlen. Auffällig sind jedoch die vielen Beiträge zum Thema »Heimatschutz«, in denen Julfeste, Jahreskreisfeiern, 1.-Mai-Bräuche, Wintersonnenwendfeiern und traditionelles Liedgut vorgestellt werden. »Langsam und schleichend wandern Sitten aus fremden Ländern ein, während traditionelle Bräuche immer mehr verkommen«, warnt die Redaktion in Heft 1/2007. Die »fremdländischen Bräuche« würden gerade Kindern durch die Medien »aufoktroyiert«. Daher wird gemahnt: »Das Unterbinden von deutschen oder europäischen Traditionen und der Kniefall vor einer Minderheit ist nicht nur beschämend, sondern sollte Anlass zu ernster Sorge geben!« Am Ende des Artikels steht extra hervorgehoben: »Freie Völker feiern ihre eigenen Feste.« Brauchtum und Volkstum sind in diesem Naturverständnis eng verbunden. Die Auswahl dieser Themenschwerpunkte verdeutlicht die Nähe der Redaktion zu völkischen Landnehmern.

Gerhard Keil führt in der Ausgabe 3/2017 aus, dass »für uns romantikaffine Deutsche« die Welt nicht nur Lebensraum, sondern noch mehr eine »spirituelle Heimstätte« sei. Er legt dar, dass der von den »Siegermächten zum Tode verurteilte Hermann Göring«, einer der höchsten Politiker im Dritten Reich, wesentlich mehr als wichtiger »Minister für Forst und Jagd« beachtet werden sollte, der sich durch eine »starke innere Naturverbundenheit sowie Liebe zu Wald und Wild« als »Treuhänder des deutschen Waldes und Schützer herrlicher Naturdenkmäler« und »Schirmherr der deutschen Jagd« stark für Umwelt und Natur eingesetzt hätte. Das von dem nationalsozialistischen Kriegsverbrecher 1935 beförderte Naturschutzgesetz wird in der Szene regelmäßig unkritisch gelobt. Der regelmäßige Autor Karlheinz Baumgartl hält im Artikel »Über den Vegetarimus« den Nationalsozialisten indes vor, dass »schon im ›Dritten Reich‹ es möglich gewesen« wäre, das Bodenrecht zu ändern. »Ein ökonomisch-vegetarisches Programm revolutionär-menschlich« sei »realisierbar gewesen«, meint der Vegetarier und Referent in der »Volksbildung« in Heft 1/2018.

In dem Vierteljahresmagazin finden sich auch Interviewpartner, die von weit links kamen. So kann 2011 »der letzte 68er, Deutschlands bekanntester Veganer«, Rainer Langhans, in Heft 3 darlegen, sein »Meister« habe ihm schon vor mehr als 40 Jahren gezeigt, dass »Vegetarismus die Voraussetzung eines geistigen Lebens ist«. Langhans, Mitbegründer der Berliner »Kommune 1«, erklärt zugleich, wie »richtig« es sei, keine Berührungsängste gegenüber rechten Tierrechtlern zu haben. Schon 1989 hatte er in der taz ausgeführt, dass für ihn »der Holocaust (…) nur die pervertierte Version des an sich richtigen Anliegens, einen neuen Menschen zu schaffen«, sei.

2012 wird die Anti-Atom-Ikone Holger Strohm im Gespräch sehr deutlich. »Ich habe mich immer dagegen gewehrt, dass man sagt: Mit den Schmuddelkindern, mit den Kommunisten, den Nazis oder den und den, darfst du nicht spielen!«, sagt er in Heft 4. Ausführlich legt Strohm, der in der alternativ-ökologischen Szene auch als »Ökopionier« oder »Messias der Grünen-Bewegung« bezeichnet wird, dar: »In jeder Gruppierung gibt es gute und böse Menschen. Für mich ist die politische Überzeugung kein Maßstab.« Selbst »unter Nazis« gebe es »gute Menschen«, sagt er und sagt weiter, dass für ihn vielmehr »ein Maßstab« sei, »ob man gegen Atomenergie ist, ob man für die Menschheit ist«. Sein Buch »Friedlich in die Katastrophe« gab 1971 der Anti-Atomkraft-Bewegung ein seriöses Fundament. 1978 verfehlte Strohm als Spitzenkandidat der »Bunten Liste Hamburg« den Einzug in die Bürgerschaft. »In seiner Synthese von Umwelt- und Friedensbewegung liefert er zudem die Raison d'être der Grünen«, schrieb die taz 2012. Nicht ohne darauf hinzuweisen, dass Strohm schon damals ein »enormes Faible für Verschwörungstheorien« gehabt hätte.

Aus dem linken Politspektrum kam auch Jürgen Elsässer. 2015 plädierte der Herausgeber des weit rechten »Compact – Magazin für Souveränität« in U&A, Ausgabe 4, für eine Querfront, in der Linke und Rechte zusammen für das Volk handeln sollten – eine »Wahrheitsbewegung« sei geboten. Mit U&A teilt er die Einschätzung, dass »in der Linken« mit »ökologischen Themen Schindluder getrieben worden« sei.

Der Mitbegründer der Umweltbewegung in der DDR Michael Beleites beklagte im Jahr 2011 in der Ausgabe Nr. 4 das »ökonomische Leitbild vom ›Wachsen oder Weichen‹« sowie den »Verlust des Bauernstandes als tragende Schicht im ländlichen Raum«. Der frühere Berater von Greenpeace und der Fraktion Bündnis 90/Die Grünen in Sachsen sowie ehemalige Sächsische Landesbeauftragte für die Stasi-Unterlagen bewegt sich mittlerweile im neu-rechten Milieu um das *Institut für Staatspolitik* von Götz Kubitschek.

Nicht alle Gesprächspartner führt U&A auf ihrer Webseite auf. Die Öko-Zeitschrift profitiert auch von Naivität und Goodwill ihrer Interviewpartner und Autoren aus dem Umwelt-, Tier- und Naturschutz. Unkritisch gegenüber dem Magazin stellen sie ihre Analysen und Thesen dar. Neben anderen sind da Professor Dr. Peter Berthold (Ornithologe, Verhaltensforscher und Ökologe, 1991 – 2005 Leiter der Vogelwarte Radolfzell, Zweigstelle des Max-Planck-Instituts für Ornithologie), Dr. Reinhard Falter (Philosoph, Historiker und Naturschützer), Dr. Andrea Flemmer (Diplom-Biologin, Ernährungswissenschaftlerin und Autorin von Ernährungsratgebern), Dr. Helmut Friedrich Kaplan (Vordenker und Verfechter der Tierrechtsethik im deutschsprachigen Raum), Prof. Dr. Karl-Heinz Paqué (Professor der Volkswirtschaft, von 2003 bis 2007 Mitglied im Bundesvorstand der FDP, von 2002 bis 2006 Finanzminister von Sachsen-Anhalt, seit 2018 Vorsitzender der Friedrich-Naumann-Stiftung für die Freiheit) oder Vandana Shiva (Philosophin und Denkerin zu den Themen Ökologie, Frauenrechte und dezentrale, nachhaltige Wirtschaft sowie ökologische Landwirtschaft). Die Gespräche mit den Experten führt häufig der Anwalt Heiko Urbanzyk, der früher das NS-Black-Metal-Fanszine »Blutvergießen« herausgab. Im NSU-Verfahren trat er als Vertretungsverteidiger von Ralf Wohlleben auf, der eine der Mordwaffen des Gewalttrios besorgen ließ.

»Ein voller Erfolg«, kommentiert U&A 2016 das erste Lesertreffen des Heftes. Vor rund 65 Teilnehmern hätten die Referenten »vor beeindruckender Kulisse« in Thüringen das Thema »Bevölkerung und Ökologie« unterschiedlich beleuchtet. In der Anzeige zu dem Treffen vom 9. bis 10. April 2016 wurde der Tagungsort vorher nur angedeutet. »Großraum Erfurt« hieß es da. Die Redaktion schien die Sorge vor möglichem Gegenprotest bewegt zu haben, den Tagungsort so lange wie möglich zu verheimlichen. Kein Wunder, der Ort gilt als Teil der rechtsextremen Verankerungspolitik. Das Treffen fand in Guthmannshausen in der *Gedächtnisstätte e. V.* statt, der Heimstatt der Holocaustleugner-Szene in Deutschland. Von dem Lesertreffen berichtet DS-TV, das Internetfernsehen der NPD, ausführlich. Auf dem Internetportal der NPD-Zeitung »Deutsche Stimme« (DS) betont die Moderatorin Emma Stabel, dass »leider ökologische Fragen« mit den Grünen in Verbindung gebracht würden, doch die Grünen hätte ihre früheren Positionen auf dem Altar von Genderideologie und Multikulti geopfert. Doch »Ökologie muss nicht zwangsläufig links sein«, betonte Emma Stabel am 19. April 2016, die mit bürgerlichen Namen Nele Schier heißt. Nicht bloß die NPD beachtete das Öko-Meeting. Auch die militante Neonazi-Kleinstpartei *Der III. Weg* hatte auf ihrer Webseite die Veranstaltung beworben.

Als erster Referent legte Dudo Erny dar, dass mit Konsumverzicht die Erde nicht allein geschützt werden könnte, zu viele Menschen würden auf ihr leben. Zehn Menschen würden so viel CO_2 durch das Atmen produzieren wie ein Auto. Wenn die Inder einmal ausatmen, entstünden 50 Tonnen CO_2. Das Fazit für den Autor von »Die Grünschwätzer«: Eine Geburtenkontrolle in den Entwicklungs- und Schwellenländern ist dringend erforderlich. In diesem Spektrum ist das eine gängige Argumentation. Der »Geburtenüberschuss« in den Entwicklungs- und Schwellenländern soll aufgehalten und der »Geburtenrückgang« in Europa gestoppt werden. Von Rassismus will hier aber keiner reden.

Vom »organischen Weltbild« sprach Philip Stein auf dem Lesertreffen. Er ist Vereinsvorsitzender des neu-rechten Projektes *Ein Prozent für unser Land*. Das »Organische Weltbild« sehe »Völker, Kultur Religion, Kunst usw.« als »organisch gewachsene historisch bedingte Einheiten an, die nicht beliebig verändert werden können«. Völker seien historisch gewachsen und nicht konstruierbar, betonte er. In U&A hatte Stein bereits Artikel zu diesem Thema veröffentlicht. Unter dem Titel »Das organische Weltbild als Dritter Weg« griff er in der Ausgabe 3/2015 auf den Kulturphilosophen Paul Krannhals zurück und verwies darauf, dass Krannhals »unter den frühen Nationalsozialisten als Redner im NS-Lehrerbund« tätig war. Mit dem Verweis, dass der Kulturphilosoph im August 1934 verstarb, scheint er zu denken, dessen

Volksbegriff wohlwollend zitieren zu können. Zustimmend gibt er ihn wieder: »Eine artgleiche Menschengruppe, die auf dieser gemeinsamen Abstammung ein Volk bildet, ist auch ein Organismus, ist Staat als Lebensform, wenn dieses Volk in den Formen des Zusammenlebens die Ideen des natürlichen Organismus restlos zum Ausdruck bringt.« Hier wird ein Volksverständnis deutlich, das ein integratives Bevölkerungsmodell kaum gedanklich zulässt.

Auf der Rückseite der Erstausgabe markierte die Redaktion mit ihrem bekannten Slogan unumwunden den parteipolitischen Feind: Bündnis 90/Die Grünen. Das rechte Milieu sieht den ökologischen »Verrat« mit dem Herausdrängen von Herbert Gruhl (1921–1993) und Baldur Springmann (1912–2003) aus der Partei. In der Gründungsphase der Grünen war die politische Ausrichtung, ob eher links oder eher rechts, noch nicht gleich absehbar. Ein Foto von der Bundesversammlung der Grünen aus dem Juni 1980 in Dortmund verdeutlicht, aus welch heterogenen Bewegungen sich die Mitgliedschaft zusammensetzte: Otto Schily, 1980 als Anwalt der Terrorgruppe »Rote Armee Fraktion« (RAF) bekannt, ist dort in der Halle stehend zu sehen. Vor ihm sitzt Herbert Gruhl, Autor des Umweltbestsellers »Ein Planet wird geplündert« von 1975 sowie früherer Vorsitzender des *Bundes für Umwelt und Naturschutz Deutschland e. V.* (BUND), ehemaliger CDU-Bundestagsabgeordneter und Gründer der *Grünen Aktion Zukunft* (GAZ). Neben Schily steht Rudolf Bahro (1935–1997), DDR-Dissident, der mit seinem Buch »Die Alternative« 1977 zu einem der führenden Kritiker des SED-Staates wurde, im Gefängnis saß und dann in die Bundesrepublik abgeschoben wurde. Er ist im Gespräch mit dem Öko-Landwirt Baldur Springmann aus Schleswig-Holstein zu erkennen. Springmann war Autor des Buches »Bauer mit Leib und Seele« sowie Herausgeber der Zeitschrift »Die Saat«. Urig, bodenständig und streitlustig erfreute sich Springmann großer Beliebtheit in der Ökoszene. Begeistert erinnert die rechtsextreme Zeitung »Der weiße Wolf« 2002 an Rechte wie Gruhl und Springmann bei den Grünen der Anfangsjahre. Sie seien unter denen gewesen, »die den Umweltschutz mit Heimatverbundenheit verbinden wollten«. In derselben Ausgabe des »Rundbriefs inhaftierter Kameraden« wird auch der rechtsterroristische »Nationalsozialistische Untergrund« gegrüßt: »Vielen Dank an den NSU, es hat Früchte getragen ;-) Der Kampf geht weiter …«

Als sich die Grünen am 12. und 13. Januar 1980 in Karlsruhe als Partei konstituierten, kamen die Mitglieder aus der Ökologie- und Antiatomkraftbewegung, aus Friedens-, Frauen- und K-Gruppen und eben auch aus Zusammenhängen von Wertkonservativen und Rechtsextremisten. In einzelnen Vorläuferstrukturen der Partei waren weit rechte Umweltschützer führend aktiv. Die rechte *Aktionsgruppe Unabhängiger Deutscher* (AUD) etwa oder die *Solidaristenbewegung* hatten sich Ende der 1970er Jahre unter die Grüne Liste Umweltschutz in Hamburg, Hessen, Schleswig-Holstein und Niedersachsen gemischt. Auf einem Koordinationstreffen Anfang 1978 in Darmstadt machte sich die heute bekannte Holocaustleugnerin Ursula Haverbeck für eine Zusammenarbeit von Marxisten mit Wertkonservativen stark.

Zwei Jahre später wirkte die wertkonservative Grüne Aktion Zukunft aktiv bei der Gründung der Grünen mit. Die Bundesversammlung am 22. und 23. März 1980 in Saarbrücken wählte Petra Kelly, Norbert Mann und August Haußleiter zu Parteisprechern. Im Juni musste Haußleiter, der führend bei der nationalistischen AUD mitgewirkt hatte, das Amt räumen. Ein ehemaliger AUD-Vorstand hielt ihm vor, 1965 mit der NPD über ein Wahlbündnis verhandelt zu haben.

In U&A ist Herbert Gruhl eine der Referenzgrößen. Das Magazin lobt mehr als einmal Gruhls »unbestechlichen Weitblick, aus ökologischer Sicht gegen Einwanderung in unser überfülltes Land« zu sein, wie etwa in Heft 3/2017. In seinem Umweltbeststeller »Ein Planet wird geplündert« hatte Gruhl 1975 geschrieben, dass die Einwanderungspolitik der »europäischen Völker« eine »sagenhafte Dummheit« sei. Ein Jahr vor seinem Tod warnte er 1992 in seinem Buch »Himmelfahrt ins Nichts« davor, dass »viele Kulturen in einem Raum zusammengemixt werden«. Der Wert des Gemisches sinke »mit zunehmender Durchmischung«. In einer RTL-Plus-Show führte Gruhl am 14. April 1992 im Streitgespräch auf die Vorhaltung aus, ob das nicht die These vom »unwerten Leben« sei: »Das ist ein Gesetz der Entropie, das wir besonders in der Ökologie haben, und dieses Gesetz gilt auch für menschliche Kulturen.«

In der *Herbert-Gruhl-Gesellschaft* mit Sitz in Hannover wird bis heute das Ansehen des Trägers des Bundesverdienstkreuzes gepflegt. Im Interview mit U&A lässt der zweite Vorsitzende der Gesellschaft, Wolfram Bednarski, keine Zweifel aufkommen. Das ehemaligen Gründungsmitglied der Grünen erklärt in Heft 2/2008, dass »aus ökologischen, ökonomischen und kulturellen Gründen« eine »Masseneinwanderung« nach Deutschland und Europa abzulehnen sei, da sie »zur Zerstörung des europäischen Lebensraumes und der gewachsenen Kulturen seiner Völker« führen würde. Zwei Jahre später erklärt in U&A der Vorsitzende der Gesellschaft Volker Kempf: »Auf linker Seite gibt es eine Allergie alleine schon gegen das Wort Bevölkerung im Zusammenhang mit der Belastung von Ökosystemen.« Er macht deutlich, dass Ökologie eine Sache von Menschen sei, »die Volk und Heimat lieben«. 2013 legt Kempf aus Breisach am Rhein im Interview mit der rechtsextremen Zeitschrift »Zuerst!« dar, dass Gruhl »ja noch zu Lebzeiten moniert« hätte, »wie wenig bei den Grünen Ökologie begriffen werde, um stattdessen auf Nebensächlichkeiten wie Geschlechterpolitik herumzureiten«. Kempf, der 2008 eine Biografie über Gruhl veröffentlichte und für die »Junge Freiheit« schreibt, macht sich in »Zuerst!« vor allem für die AfD stark. Er betont: »Während bei den Grünen linke Extremisten recht problemlos eindringen konnten, ist das bei der AfD kaum möglich, auch nicht durch Extremisten von der anderen ideologischen Seite.« In der AfD würde gelegentlich sogar der Leitspruch von Gruhl »Wir stehen nicht links, wir stehen nicht rechts, sondern vorn« auftauchen. Die parteipolitische Nähe führte Kempf Mitte 2014 als AfD-Mandatsträger in den Kreistag Breisgau-Hochschwarzwald und seinen Stellvertreter Bednarski in den Stadtrat der niedersächsischen Stadt Springe. Die HGG ist selbst eher eine kleine, elitäre Gesellschaft. Seit Jahren hätte sie zwischen 50 bis 100 Mitglieder, sagt Kempf, die »altersbedinge Verschrumpfung« und die »Neueintritte« würden sich »die Wage« halten.

In U&A wird gleichermaßen auf Baldur Springmann verwiesen, wenn es darum geht, wem die Ökologie »gehört«. Im Editorial des 2. Heftes im Jahr 2008 zählt die U&A-Redaktion Gruhl und Springmann zu den »›Gründungsvätern‹ der ökologischen Bewegung in Deutschland« in der Nachkriegszeit. Der umtriebige Ökobauer Springmann, der bis zu seinem Lebensende einen Hof im schleswig-holsteinischen Geschendorf führte, gilt den Rechten als »Urvater der Bewegung«, der sich konsequent »für die Arterhaltung von Flora und Fauna« und die »Vielfalt der Menschen und Völker« eingesetzt habe. Springmann wollte jedoch »keine Vermengung, keine Nivellierung, keine Überfremdung«, schreibt G. Kling in einem Artikel 2007. »Seine Liebe zu Deutschland war tief und echt«, wird ausgeführt und zitiert: »Was man zum Glücklichsein unbedingt braucht, ist Heimat. Es kann nur Unglück bringen, wenn wir uns von fremdartigen Ideologen nomadische Verhaltensweisen aufschwatzen lassen.« Springmann selbst legte gern dar, was er von der Demokratie in der Bundesrepublik hielt. Im »Ostpreußenblatt« schrieb er 2001: »Selten hat der eigentliche Machthaber unseres heutigen, sonst ziemlich gut getarnten autoritären Systems so unverhüllt sein wahres Gesicht gezeigt wie (…) mit dem von den Obergutmenschen ausgerufenen und von allen, allen braven Gutmenschen tapfer angetretenen Kreuzzug gegen ›Rechts‹.«

Ländliche Idylle: Völkischer Bauer bei der Feldarbeit mit Kindern in Mecklenburg-Vorpommern

In seinem Artikel, in dem er auch für die extrem rechte *Deutsche Aufbau-Organisation* wirbt, schreibt er weiter: »Unsere (…) Chance ist es, daß wir dem weitgehend unterschwelligen, manchmal auch offen zutage getragenen, finsteren Haß vieler ›Grüner‹ und sonstiger Adepten der Frankfurter Schule gegen alles Deutsche das eh und je Stärkere, Schönere, Strahlendere entgegenstellen können: die Liebe, unsere Vaterlandsliebe.« Gemeinsam mit der Hamburger *Aktionsgemeinschaft der Deutschland Liebenden* (AGDL) setzte sich der Altbauer für die Errichtung eines »Freudenmals« am Potsdamer Platz zur Erinnerung an den Mauerfall in Berlin ein. In Mitgliederlisten der AGDL wird auch der Brandenburger Spitzenkandidat der AfD, Andreas Kalbitz, mit dem Hinweis »AGDLx« aufgeführt. Eine Nachfrage an ihn blieb unbeantwortet.

Kurz vor Baldur Springmanns Tod 2003 lud Dietmar Munier, Herausgeber der »Zuerst!«, Springmann zur Sonnenwendfeier auf seinen »Kastanienhof« in Martensrade ein, wo er den Alten bat, am Feuer ein paar Worte zu sprechen.

Springmanns Kontakte in rechtsextreme Lager sind vielfältig, ein Teil seiner reichhaltigen Korrespondenz ist im Landesmuseum in Schleswig-Holstein einsehbar. Darunter ist auch ein intensiver Briefverkehr mit Ursula und Werner Georg Haverbeck. Über 45 Jahre hatte deren *Collegium Humanum* im nordrhein-westfälischen Vlotho seine Türen offen, bot Umschulungen und Fortbildungen, richtete Tagungen und Seminare aus. Die 1963 von Haverbeck gegründete Heimvolkshochschule für Jugend- und Erwachsenenbildung mit 50 Betten hieß zunächst *Institut für angewandte Menschenkunde und Betriebspädagogik*, wurde dann in *Akademie für Umwelt- und Lebensschutz* umbenannt. Das Programm des *Collegium Humanum* bewegte sich zwischen Ökologie und Mystik, Rechtsextremismus und Holocaustleugnung. Der Garten des Anwesens wurde ganz im Sinne Rudolf Steiners biologisch-dynamisch bestellt. Bis zum Tod von Werner Georg Haverbeck 1999 verband das Paar die Themen Ökologie und Nationalsozialismus. Haverbeck hatte im NS-Staat anfänglich eine schnelle Karriere von der Leitung des Reichsbundes für Volkstum und Heimat bis zur Habilitation beim Mitgründer des SS-Ahnenerbes Herman Wirth absolviert. Die Forschungsgemeinschaft Deutsches Ahnenerbe e. V. war 1935 von Heinrich Himmler gegründet worden und hatte u. a. die Aufgabe, eine vermeintliche Überlegenheit der »arischen Rasse« wissenschaftlich zu legitimieren. 1938 musste Haverbeck wegen interner Querelen die SS verlassen. Nach 1945 wandte er sich der anthroposophisch inspirierten Christengemeinschaft zu und war bis zu seiner Entlassung 1960 Priester. Ursula Haverbeck behauptete später, die Kirchenleitung habe ihren Ehemann kommunistischer Sympathien verdächtigt. Der Gedankenwelt des Gründers der Anthroposophie, Rudolf Steiner, blieb er treu, verwebte sie aber mit seinem Weltbild. 1989 löst er mit seinem Buch »Rudolf Steiner – Anwalt für Deutschland« über die anthroposophische Gemeinde hinaus eine Diskussion über dessen Welt- und Menschenbild aus. In den 1970er Jahren war das *Collegium Humanum* ein Ort für

Treffen der ökologischen Bewegung, besucht auch von Linken, Atomkraftgegnern und Friedensbewegten.

Immer bemüht um finanzielle staatliche Unterstützung, ließen die Haverbecks das *Collegium* bereits bei seiner Gründung 1968 als gemeinnützige Organisation beim Amtsgericht in Bad Oeynhausen registrieren. Der Landschaftsverband Westfalen-Lippe, der auch die kommunale Jugendarbeit verantwortet, bestätigte gegenüber der taz 2008 die Anerkennung als »Träger der Jugendhilfe«. Dieser Status ermöglichte auch die Bezuschussung durch die Stiftung Deutsche Jugendmarke e. V. Wegen des anthroposophischen Ansatzes habe es in den 1970ern eine einmalige Förderung für das *Collegium Humanum* gegeben, heißt es bei der Stiftung. 1987 stellten die Haverbecks das »Projekt Umstellungsbetreuer« vor, welches die »Vorzüge und Notwendigkeiten des ökologischen Landbaus einer breiten Schicht von Bauern bewusst machen« sollte und sich darum bemühte, »Ausbildungsnachwuchs für den ökologischen Landbau« zu gewinnen. Aus dem Briefwechsel zwischen dem Ehepaar und Springmann Ende der 1980er Jahre geht hervor, dass Springmann im Rahmen der Kurse für die »Umstellungsbetreuer« 1988 über seine Erfahrungen mit dem »ökologischen Landbau« referieren sollte. Springmann wird von den Haverbecks auch über die Anträge zur Förderung des Projekts beim Bundesamt für Arbeit und dem »hiesigen zuständigen Arbeitsamt« informiert.

Zu diesem Zeitpunkt sollten die rechten Verstrickungen der Haverbecks längst bekannt gewesen sein. Ab 1972 war das *Collegium Humanum* Mitglied des rechtsextremen *Weltbunds zum Schutz des Lebens* (WSL), der Zuwanderung offen als »ökologisches Problem« ablehnte. Die Idee für den WSL hatte Günther Schwab, ehemaliges NSDAP- und SA-Mitglied. Max Otto Bruker, Verfechter der Vollwerternährung, hatte den Vorsitz zeitweilig inne, ihm folgte Werner Georg Haverbeck. Von 1983 bis 1989 war Ursula Haverbeck Präsidentin des WSL, der immer wieder gegen »Asylflut«, Umweltzerstörung und Kulturentfremdung polemisierte. 2001 löst sich die deutsche Sektion dann auf. Fehlender Nachwuchs war die offizielle Begründung.

Nach dem Tod ihres Mannes 1999 ging Ursula Haverbeck (Jahrgang 1928) verstärkt in die Öffentlichkeit. Sie wirkte u. a. im *Verein zur Rehabilitierung der wegen Bestreitens des Holocaust Verfolgten.* Mit ihren zahlreichen Publikationen wie der »Stimme des Reiches« zählt die 90-Jährige zu den wenigen Frauen der rechtsextremen Szene, die auch ideologiebildend wirkten. Der Kampf um eine heile Umwelt ist für sie eine alles umfassende Schlacht: »Wer sich dem Kulturstrom seines Volkes zugehörig fühlt, (…) der bricht aus der materiellen Konsumentenhaltung aus«, erklärte sie. Vertreter der »One-World-Konzeption« hätten das Ziel, die Wurzeln und das Brauchtum eines Volkes zu kappen.

Das Verbot des *Collegium Humanum,* der *Bauernhilfe e. V.* und des *Vereins zur Rehabilitierung der wegen Bestreitens des Holocaust Verfolgten* durch das Bundesinnenministerium 2008 stoppte Haverbeck nicht, auch wenn das Vereinsvermögen beschlagnahmt und die Türen des Zentrums nunmehr verschlossen waren. Das ständige Bestreiten des Holocausts brachte der rüstigen Dame, die an zahlreichen Aufmärschen und Veranstaltungen teilnahm, 2017 eine Freiheitsstrafe von sechs Monaten ein. In Vlotho musste die Polizei sie am 7. Mai 2018 in ihrem Wohnhaus festnehmen, da sie nicht zum Haftantritt erschienen war. Die rechtsextreme Kleinstpartei *Die Rechte* wählte die Holocaustleugnerin zur Spitzenkandidatin für die Europawahl 2019. Mit Baldur Springmann hatten die beiden Haverbecks eine parteipolitische Gemeinsamkeit: Alle drei waren bei der Ökologisch-Demokratischen Partei (ÖDP) aktiv. Nach dem Bruch mit den Grünen hatte Herbert Gruhl die ÖDP 1982 mitgegründet. Baldur Springmann war ebenfalls an deren Konstituierung beteiligt, trat aber bereits 1983 wieder aus, sagt Claudius Moseler, Generalsekretär der ÖDP. Die beiden Haverbecks hatten gleichfalls Berührungspunkte zur ÖDP. Herr Haverbeck war für kurze Zeit Mitglied des »Ökologischen Rats der ÖDP«. »Frau Haverbeck-Wetzel wurde Mitte der 80er Jahre Parteimitglied, dann aber 1989 aus der Partei ausgeschlossen«, erinnert sich Moseler. »Den Versuch, die ÖDP nach rechts zu drängen, haben Parteibasis und ein wesentlicher Teil der Funktionsträgerschaft aller Ebenen letztendlich mit dem Rechtsabgrenzungsbeschluss 1989 erfolgreich verhindert«, betont er.

Im U&A-Magazin kommt die ÖDP nicht gut weg. Die Partei sei »schwer im Fahrwasser der politischen Korrektheit gelandet«, schrieb die Redaktion in Heft 1/2011. »Wer heute patriotisch (meinetwegen ›rechts‹) ist und dabei Ökologie leben möchte, findet im Parteienspektrum der Bundesrepublik keine Heimat mehr«, wird dort geklagt. Gruhl sei in seiner eigenen Partei als »Rechtsabweichler« beschimpft worden, »weil er sich in seinem unbestechlichen Weitblick aus ökologischen Gründen gegen Einwanderung in unser überfülltes Land ausgesprochen« habe, konnte man schon in Heft 2/2008 lesen. Damit hätte die ÖDP ihren »entscheidenden früheren Vorzug gegenüber den Grünen auf dümmste Weise verschenkt und unserem Land und sich selber geschadet«, meint Wilhelm Weber. Den Autor stört offensichtlich, dass die ÖDP schon lange auf Distanz zu ihrem ersten Vorsitzenden Gruhl gegangen ist, der bis 1989 ohne Unterbrechung den Parteivorsitz innehatte. Nachdem Gruhl auf dem Parteitag 1989 in Saarbrücken die Abgrenzung zu »Rechtsparteien« nicht verhindern konnte, legte er sofort sein Amt nieder und gründete die Unabhängigen Ökologen Deutschlands (UÖD). Die Vereinigung hatte jedoch nicht lange Bestand und ging – laut der »Jungen Freiheit« – in der *Herbert-Gruhl-Gesellschaft* auf. Einen ähnlichen Weg legte Wolfram Bednarski, der stellvertretende Vorsitzende der *Herbert-Gruhl-Gesellschaft*, zurück. Er ging von den Grünen zur ÖDP und dann zu den UÖD und gründete die Unabhängige Liste für Niedersachsen mit. 1994 kandidierte er für die rechtsextreme Partei *Die Republikaner.*

Seit 2012 taucht das Magazin »Umwelt & Aktiv« regelmäßig im Jahresbericht des bayerischen Landesamtes für Verfassungsschutz auf. 2016 klagte der Verein *Midgard* gegen die Erwähnung im Bericht. Zunächst mit Erfolg, doch 2017 setzte sich der Freistaat Bayern juristisch durch. Im Urteil betonte der für die Berufung zuständige Verwaltungsgerichtshof: »Unter dem Deckmantel des Umwelt- und Naturschutzes« werde rechtsextremistisches Gedankengut verbreitet. Auch der Verfassungsschutz betont, dass sich das Magazin »nur vordergründig mit ökologischen Themen« auseinandersetze. Umwelt-, Natur- und Tierschutz würden dort zum ›Heimatschutz‹ uminterpretiert und in den Kontext der völkischen Bewegung« gestellt. Eine klare Einordnung, die Wortwahl »Deckmantel« und »uminterpretiert«, relativiert jedoch sprachlich das ökologische Anliegen des rechtsextremen Milieus. Sie setzen sich traditionell für Heimat und Natur ein, um ihr Volk und ihre Kultur zu erhalten. Diese Bemühungen sind nicht instrumentell, sondern als integral zu betrachten. Das Umweltmagazin U&A ist zu einem Netzwerk geworden, das die rechte Szene in die weitläufige Umweltbewegung hinein verbindet.

Grünes Auschwitz

Die Verstrickungen der Naturschutzbewegung mit dem Nationalsozialismus

Wie grün soll Auschwitz sein? Welche Bäume eignen sich für die »Grüne Grenze« zwischen Konzentrationslager und Stadt? Was für eine Bepflanzung rund um die Krematorien wäre geboten? Fragen, auf die 1942 Werner Bauch Antworten suchte. Für die Abteilung Landwirtschaft plante der Gartengestalter die Begrünung der Stadt mit dem größten deutschen Vernichtungslager. Und im Oktober verlangte der Lagerkommandant Rudolf Höß dann auch das Pflanzen eines Grüngürtels um die Krematorien I und II: Es sollte ein »natürlicher Abschluß« zum Lager hin erreicht werden.

Natürlich, vegetations- und artgerecht wollte nicht bloß Werner Bauch die Landschaft gestalten. Er war nicht der einzige »Landschaftsanwalt«, der sich im nationalsozialistischen Deutschland verdient machte. »Aus dem Berufsfeld der Landschaftsplanung und des Naturschutzes wirkten viele Männer im Nationalsozialismus mit«, sagt Nils Franke. Der Umwelt- und Naturschutzhistoriker entdeckte diese Vernetzung bis nach Auschwitz. Im Auftrag des rheinland-pfälzischen Umweltministeriums legte er vor vier Jahren, 2015, eine Studie zur Rolle des Naturschutzes im Nationalsozialismus mit dem Titel »Der Westwall in der Landschaft« vor. »Die personellen Verstrickungen und ideologischen Verbindungen sind eine Erblast für den heutigen Naturschutz, der er sich stellen muss und kann«, sagt Franke. Eine der wenigen Debatten um die Verstrickung von ökologischem und/oder alternativem Denken mit nationalsozialistischen Vorstellungen löste prompt auch kein Naturschützer oder Ökologe aus.

Am 19. Mai 1983 berichtete die »tageszeitung« (taz) unter dem Titel »Insgesamt haben viele Menschen geholfen« über die Beziehung des SS-Hauptsturmführers und Stabsarztes Sigmund Rascher zur Weleda AG. Rascher, aus einer anthroposophischen Familie kommend und Waldorfschüler, war im KZ Dachau bei den Höhen- und Unterkühlungsversuchen an Menschen beteiligt. In der Debatte schreibt die taz, dass Rascher die »naturheilkundliche Frostcreme« von Weleda bei den Versuchen nutzte. Des Weiteren ließ das »SS-Sanitätshauptamt« zehn Kilogramm Vaseline direkt an die Naturkosmetikfirma senden. Nicht der einzige Mitarbeiter vor Ort mit anthroposophischem Hintergrund. Die Heilkräuterversuchsanlage, die an das KZ bei München angegliedert war, leitete Franz Lippert, der zuvor als Obergartenmeister den Heilpflanzenanbau bei der Weleda AG verantwortet hatte. Die ersten Erklärungsversuche von Weleda, in denen nur zugegeben wurde, was nicht mehr zu bestreiten war, fanden die »Flensburger Hefte – Anthroposophie im Gespräch« nicht angemessen. Heute, 35 Jahre später, ist selbst diese Debatte im kollektiven Gedächtnis vom ökologisch und/oder alternativ Denkenden und Lebenden kaum virulent.

Die ökologischen Landbauvarianten interessierten Heinrich Himmler. Keine Überraschung: In München hatte er Landwirtschaft studiert. 1939 hatte Adolf Hitler Himmler zum »Reichskommissars für die Festigung deutschen Volkstums« benannt. Das Amt beinhaltete die Aufgabe, deutsche Volksgruppen in den »eingegliederten Ostgebieten« anzusiedeln und gegen den »schädigenden Einfluß« von »volksfremden Bevölkerungsteilen« vorzugehen. »Dies bedeutet nichts anders, als einen organisierten Massenmord umzusetzen, neue Siedlungsgebiete zu strukturieren und sie auch landschaftlich zu ›deutschen Gebieten‹ zu machen«, betont Franke. Bei dieser Umgestaltung bezog der Reichsführer SS erfahrene Landschaftsarchitekten und Experten für den Naturschutz früh mit ein. Ein Dreigespann, SS-Mitglied und Agrarwissenschaftler Konrad Meyer, der Jurist aus dem Sicherheitsdienst im Reichssicherheitshauptamt und nationalsozialistische Naturschutz-Theoretiker Erhard Mäding und der Landschaftsgärtner Heinrich Wiepking-Jürgensmann an der Universität Berlin, erarbeiteten mit anderen die Landschaftsplanungen des sogenannten Generalplan Ost. Der Landschaftsgärtner legte seine Einstellung unter anderem 1942 in »Die Landschaftsfibel« dar. Unter dem unverfänglichen Titel schrieb er: »Immer ist die Landschaft eine Gestalt, ein Ausdruck und eine Kennzeichnung des in ihr lebenden Volkes. Sie kann das edle Antlitz seines Geistes und seiner Seele ebenso wie auch die Fratze des Ungeistes, menschlicher und seelischer Verkommenheit sein.« Und er führte weiter aus, dass »sich auch die Landschaften der Deutschen in allen ihren Wesensarten von denen der Polen und Russen, – wie die Völker selbst« unterscheiden würde. »Die Morde und Grausamkeiten der ostischen Völker sind messerscharf eingefurcht in die Fratzen ihrer Herkommenslandschaften«, betonte er. Die vermeintliche Gestalt der Landschaft wahrzunehmen, war für ihn kein Hemmnis, gestaltend einzugreifen. Er nahm, angelehnt an Heinrich Himmlers Idee, die Landschaft unter militärischen Aspekten zu überprüfen, das Konzept der »Wehrlandschaft« auf.

Aus strategischen Gründen seien Schutzpflanzungen anzulegen, die »unüberwindbare Hindernisse auch für Panzer« bilden müssten. Eine Freund- und Feindseite war für Flüsse angedacht. In diese Landschaften sollten dann in dazu angelegten »Wehrdörfer«, so Himmlers Vorstellung, »vollwertige Volksgenossen« angesiedelt werden. Bei sachkundiger Pflege von Fauna und Flora hätten die neuen Landschaften einen »Ewigkeitswert« erhalten. Wiepking-Jürgensmann prägte damals auch die universitäre Ausbildung der Landschaftsplaner, er vergab sogar eine Diplomarbeit mit dem Titel »Grünplanung und die Gestaltung der Stadt und des Raumes Auschwitz«.

Im Generalplan Ost war für die drei Planer die Bevölkerung in den polnischen und russischen Räumen nur eine »verfügbare Masse«, sagt Franke. Dass die Menschen versklavt, deportiert oder vernichtet werden sollten, störte offenbar bei dem landespflegerischen Vorhaben nicht. Die Gleichzeitigkeit, mit der Er-

Das Konzentrationslager Auschwitz-Birkenau, das von Landschaftsplanern eine »grüne Grenze« erhalten sollte

schießungskommandos der SS, Einsatzgruppen und Wehrmacht die Juden planmäßig ermordeten, unter dem Vorwand der Partisanenbekämpfung ein brutaler Krieg gegen die Zivilbevölkerung geführt wurde und Landschaftsanwälte, Naturschützer und Landschaftsarchitekten fürsorglich Heckenlandschaften für die Vogelwelt entwarfen, Vegetationen kartierten und Naturschutzgebiete beantragten, spiegelt eine kaltblütige Verzahnung wider. »Nirgends war das Nebeneinander von Naturschutz und der systematischen Auslöschung von Menschenleben so unmittelbar wie im Osten und so ungeheuerlich wie in Auschwitz«, betont Historiker Franke. Die meisten Deportierten schickte die Lager-SS direkt in die Gaskammern. Noch Arbeitsfähige wurden als Zwangsarbeiter eingesetzt – unter anderem für die Neugestaltung des Konzentrationslagers Auschwitz-Birkenau und seiner Umgebung als »Pilotprojekt« für die »Eindeutschung« einer Stadt und ihres Umlandes im Sinne der Blut-und-Boden-Ideologie. Grün sollten die Siedlungen werden, die Selbstversorgung durch Einfamilienhäuser mit Garten ermöglicht und Landwirtschafsgebäude inmitten von »heckendurchzogenen« Feldern aufgebaut werden. Der Vorgang sei bisher nicht »en détail« erforscht, sagt Franke im April 2019. Gesichert sei aber, dass der Vegetationsexperte Reinhold Tüxen vor 1942 eine Karte zur »Neuordnung der Wirtschaftsverhältnisse« um Auschwitz anlegte. Im folgenden Jahr, im Juli 1943, hatte auch Werner Bauch die Planung der »Grünen Grenze« zwischen dem Vernichtungslager und der Stadt abgeschlossen. Heinrich Wiepking-Jürgensmann plante in Auschwitz ebenso mit an der Grüngestaltung der Stadt.

Seit 1933 arbeiteten Nationalsozialisten und Naturschützer eng bei einem Großprojekt zusammen, das vom Umwelt- und Tierschutz weit entfernt zu sein schien: die Reichsautobahnen. Schon früh hatte der bayerische, den Anthroposophen nahestehende Landschaftsarchitekt Alwin Seifert von den Plänen für den Autobahnbau gehört und gefordert, diese sollten sich in die ländlichen Regionen einpassen müssen. Eines seiner Credos: Nur die »deutsche Landschaft« bringe den »deutschen Menschen« hervor. Seifert, der aus der bündischen Wandervogel-Bewegung kam und 1920 bis 1923 Mitglied der extremrechten *Deutschnationalen Volkspartei* war, überzeugte. Der Generalinspektor für das deutsche Straßenwesen, Fritz Todt, berief ihn 1933 zum Beauftragten für Naturschutz beim Bau der Autobahnen. 1940 folgte die Ernennung in das Amt des »Reichslandschaftsanwalts«. Da die Arbeit für Seifert allein schon bald zu viel wurde, durfte er eine Reihe weiterer Landschaftsanwälte einstellen.

Neben der Begrünung der Autobahnen kümmerten sich die Naturschützer um ein weiteres riesiges Bauprojekt: die Tarnung des Westwalls. Dieser verlief auf rund 630 Kilometer durch die heutigen Bundesländer Rheinland-Pfalz, Nordrhein-Westfalen, Baden-Württemberg und Saarland. Rund 18000 Bunker, Laufgräben und Flugabwehrstellungen wurden gebaut. »Der Westwall war ein wichtiges Rückgrat für die Angriffskriege des NS-Regimes«, sagt Franke. Ab 1938 erhielten Naturschützer den Auftrag, den Westwall zu einer »grünen Wehrlandschaft« zu gestalten – und zu tarnen. Aus der Luft sollten die Anlagen für die alliierten Flugzeuge nicht zu erkennen sein. Die Lösungen waren kreativ, es wurden Hügel aufgeschüttet, Mutterboden zur Baustelle transportiert, Bäume, Büsche und Feldgehölz gepflanzt. Selbst Kübelpflanzen kamen bei der Tarnung zum Einsatz.

Die Arbeiten gingen schnell voran, »Reichslandschaftsanwalt« Seifert lobte die Leistungen. Ende 1940 berichtete Wilhelm Hirsch, der Verantwortliche für das Projekt, an Seifert: »Ich habe nun den größten Teil des Westwalls bereist und will Ihnen heute mitteilen, wie glücklich sich die Tätigkeit der Landschaftsanwälte am Westwall ausgewirkt hat.«

Die Arbeiten liefen bis 1942. Bei der Tarnung des Westwalls seien auch Zwangsarbeiter zum Einsatz gekommen, vermutet Nils Franke heute. Ein Indiz dafür stellt für den Umwelt- und Naturschutzhistoriker ein Schreiben der Großgärtnerei und Samenhandlung J. Lambert & Söhne aus Trier an den Lagerkommandanten Hermann Pister des SS-Sonderlagers Hinzert dar. In dem Schreiben heißt es, dass die Arbeit nicht vorankomme, da die Zahl der »Zöglinge« aus dem SS-Lager deutlich abgenommen habe. Die Kombination von Naturschutz und nationalsozialistischem Weltbild vertraten die Westwall-Begrüner Alwin Seifert und Wilhelm Hirsch. Hirsch träumte schon von der Zeit nach dem Endsieg. Im November 1940 schreibt er begeistert: »Der Westwall ist und bleibt für alle Zeiten geschichtlicher Boden. Er wird zur geschichtlichen Größe deutschen Schaffens, wenn nach der technisch-militärischen Großtat in gleicher Größe die kulturelle Tat des Wiederaufbaus der wund gewordenen Landschaft folgt.«

Bei der Bepflanzung des Westwalls orientierten sich Hirsch und Seifert an den »pflanzensoziologischen Arbeiten« von Reinhold Tüxen, der ebenso schon bei den Planungen der Reichsautobahnen mitwirkte. Mit seiner Methode sollte erkannt werden,

Der Westwall entlang der Grenze zu Belgien und Frankreich wurde zur Tarnung als »grüne Wehrlandschaft« angelegt

welche Pflanzen »ursprünglich« und »bodenständig« seien. Tüxens Theorien waren wichtig für die scheinbare Verwissenschaftlichung der Blut-und-Boden-Ideologie.

Das Gedankengut mancher Naturschützer und die nationalsozialistische Ideologie waren leicht vereinbar. Bauch schrieb 1942 in der Zeitschrift »Gartenkunst«: »Jede echte Kultur wurzelt in der Kraft und dem geistigen Gefüge ihrer Landschaft.« Völker aus der Steppe und der Wüste könnten keine tiefen Gedanken entwickeln, so Bauch. Ihnen fehle die Verwurzelung im »Urgrund«. In der Ideologie von »Blut und Boden« wird der Naturschutz so zum Heimat- und Volksschutz gemacht. Der antisemitische Untergrundsound, keine Tiefe und Verankerung zu haben, schrieb schon die erste völkische Bewegung den Juden zu.

»Im polyphonen Chor der Naturschutzbegründung um 1900 waren auch bereits antisemitische Töne zu hören«, schreibt

Hans-Werner Frohn unter dem Titel »Naturschutz und Rechtsextremismus – der Blick in der Geschichte«. In dem 2015 erschienen Aufsatz in dem von Gudrun Heinrich, Klaus-Dieter Kaiser und Norbert Wiersbinski herausgegebenen Sammelband »Naturschutz und Rechtsextremismus« wird aber auch eine weitere Affinität, die zum Problem wurde, aufgezeigt: der »Hang zu starken Männern«. Einer, der diese Hinwendung mehr als bloß anmahnte, war Ernst Rudorff. Bis heute gilt er als »ideologische Lichtgestalt, sowohl im Natur- als auch im Heimatschutz, betont Frohn. In den »Preußischen Jahrbüchern« erschien 1880 Rudorffs Essay »Ueber das Verhältnis des modernen Lebens zur Natur«, »gleichsam das Gründungsmanifest des Naturschutzes in Deutschland«, hebt Frohn hervor. Der Wissenschaftlicher Leiter und Geschäftsführer der Stiftung Naturschutzgeschichte weist zunächst auf Rudorffs völkische Argumentation hin, wenn er aus dem Essay zitiert: »In dem innigen und tiefen Gefühl für die Natur liegen recht eigentlich die Wurzeln des germanischen Wesens«. Er weist zudem auf die antidemokratische Intention hin. »Es müßen vor Allem (!) alle diejenigen« eingreifen, »denen irgendwie Macht und Beruf gegeben ist, in die Entwicklung der öffentlichen Angelegenheiten wirksam« zu handeln, um den Heimatschutz durchzusetzen und den Degenerationsprozess zu stoppen, zitiert Frohn Rudorff.

Der Naturschutz wurde zwar 1919 in der Verfassung Artikel 50 in den Katalog der staatlichen Daseinsvorsorge aufgenommen. Das für den Naturschutz wichtige preußische Feld- und Forstpolizeigesetz wurde zudem novelliert. Diese Erfolge blieben jedoch im Naturschutz gering geschätzt. »Für die meisten ökologischen Bewegungen«, schreibt Frank Uekötter, sei die Weimarer Republik »eine Zeit ohne große Erfolge« gewesen. 1933 wurden »die Karten (…) neu gemischt«, kam neue »Hoffnung« auf, so der Historiker in dem Beitrag »Wie grün waren die Nazis?« in dem Magazin »politische ökologie«, Dezember 2012.

Große Erwartungen dürfte Walther Schoenichen gehabt haben. Bereits 1922 übernahm der Biologe und Naturschützer die Leitung der Staatlichen Stelle für Naturdenkmalpflege. Er positionierte schnell den Naturschutz völkisch und überhäufte später die nationalsozialistische Elite mit Elogen. Nicht bloß aus Karrieremotivation, sondern auch aus politischer Überzeugung. Schon 1926 hatte er in »Methodik und Technik des naturgeschichtlichen Unterrichts« gewarnt, dass »unserem Volke ein rassehygienischer Niedergang droht«. Er meinte, dass »eine monomanische Entartung und materialistische Übersteigerung des Geschäftssinnes« auf eine »Infektion mit dem jüdischen Giftstoff zurückzuführen« sei. Selbst Werbetafeln in der Landschaft – die »Reklamekrankheit« – führte er auf diese »Infektion« zurück. 1932 trat er der NSDAP bei. In »Naturschutz im Dritten Reich« schrieb er 1934 deutlich: »Kennzeichen des germanischen Gemütslebens ist innige Naturverbundenheit (…) Nicht Halle, nicht Tempel – der heilige Hain war unsern Altvorderen die Stätte, wo sie in weihevoller Ergriffenheit die Nähe der Gottheit verspürten. (…) Diese Naturverbundenheit muß auch in Zukunft Merkmal unserer Rasse bleiben, wenn anders der deutsche Mensch nicht eine seiner wertvollsten Eigenheiten verlieren und wenn unsere deutsche Kultur nicht einer niemals wieder auszugleichenden Entartung anheimfallen soll.« Die alte Parole der ersten völkischen Bewegung »Ohne Juda, ohne Rom bauen wir Germaniens Dom« klingt durch. Weitere Werke folgten, die im Titel schon die Botschaft trugen: wie »Urdeutschland. Deutschlands Naturschutzgebiete in Wort und Bild«, 2 Bände 1935 und 1937, oder »Naturschutz als völkische und internationale Kulturaufgabe. Eine Übersicht über die allgemeinen, die geologischen, botanischen, zoologischen und anthropologischen Probleme des heimatlichen wie des Weltnaturschutzes«, 1942. Er war sich sicher, dass das Verhältnis zur Natur durch die »Erbmasse der Arier« festgelegt sei, und forderte unermüdlich die »Reinigung des deutschen Volkes« und der »deutschen Landschaft« von »deutschfeindlichen Kulturströmungen«. »Blut und Boden in der NS-Ideologie und im ›Urdeutschland‹-Konzept«, fasst Frohn diese Positionen zusammen.

Große Begeisterung löste im Naturschutz das Reichsnaturschutzgesetz (RNG) vom 26. Juni 1935 aus. Erstmals wurden per Gesetz definierte Schutzzonen beschrieben, der Artenschutz für Pflanzen festgeschrieben und nicht jagdbare Tiere reichsweit benannt. Die Hoffnungen von 1933 schienen sich zu erfüllen. Der Bund Naturschutz in Bayern jubelte als Reichsforst- und -jägermeister Hermann Göring das RNG durchbrachte, hebt der Historiker Uekötter hervor und weist auf ein Rundschreiben des Bundes von 28. August 1935 an Gruppenführer und Vertrauensmänner hin: »Nun hat der Reichsforstmeister Göring auch den Naturschutz in seine starke Hand genommen und unseren Bestrebungen das reichsgesetzliche Rückgrat gegeben.«

In der Präambel des RNG heißt es: »Heute wie einst ist die Natur in Wald und Feld des deutschen Volkes Sehnsucht, Freude und Erholung. (…) Der um die Jahrhundertwende entstandenen ›Naturdenkmalpflege‹ konnten nur Teilerfolge beschieden sein, weil wesentliche politische und weltanschauliche Voraussetzungen fehlten; erst die Umgestaltung des deutschen Menschen schuf die Vorbedingungen für wirksamen Naturschutz.« Historisch interpretiert, so Frohn, heißt das, dass der Naturschutz unfähig war, in einer demokratischen Gesellschaft sein Anliegen umzusetzen, erst in der NS-Diktatur wären die Grundlagen gelegt worden. Doch auch die ideologische Verzahnung wird betont. Fünf Jahre nach dem Gesetz wies 1940 das »Reichsnaturschutzbuch« über 800 eingetragene Naturschutzgebiete auf, schreibt Peter Bierl 2014 in »Grüne Braune«. Mehr als 50 000 Naturdenkmäler seien zudem in den Naturdenkmalbüchern der Kreise aufgelistet geworden. Dieser Erfolg ging einher mit einer enormen Umweltzerstörung sowie gestiegenem Verbrauch von Landschaft und Energie, um die Aufrüstungs- und Autarkiepolitik zu realisieren. Ein Widerspruch, den Naturschützer und Heimatliebende aushielten. »Wo sich im NS-Staat attraktive Möglichkeiten boten, kannten die Naturschützer erschreckend wenig Skrupel«, betont Uekötter, der 2003 mit Joachim Radkau den Sammelband »Naturschutz und Nationalsozialismus« herausgab. Und er hebt hervor, dass so »ein dichtes Geflecht von Komplizenschaft« entstand.

Nach 1945 wollte kaum ein Naturschützer diese Verstrickung reflektieren. Die bayerische Naturschützerin Edith Ebers legt zwar 1947 schon einen Essay über die »neuen Aufgaben des Naturschutzes« vor, in dem sie – so Uekötter – anmahnte, dass beim »katastrophalen Zusammenbruch, den unser staatliches und volkliches Dasein erlitten« hätte, »auch im Naturschutz irgendetwas nicht mehr in Ordnung« gewesen sein könne. Im restaurierten Klima der Nachkriegsjahre folgten die Naturschützer aber lieber Hans Klose. Das RNG hatte das Nicht-NSDAP-Mitglied im Wesentlichen verfasst. Seit Jahrzehnten setzte er sich für den Naturschutz ein, gründete 1922 den »Volksbund Naturschutz« und forderte stets ein Naturschutzgesetz. 1936 führte er den Arierparagrafen im »Volksbund« ein. Zwei Jahre später wurde er Leiter der Reichsstelle für Naturschutz. Am 26. Juni 1945 – wenige Wochen nach der Kapitulation des nationalsozialistischen Deutschlands am 8. Mai des Jahres – schrieb Klose: »Nur der ist heute in unseren Reihen tragbar, der fanatisch gewillt ist, sich mit aller Kraft für die heute mehr denn je bedrohte, gleichzeitig aber im Wert mehr denn je gestiegene Heimatnatur und Heimaltlandschaft einzusetzen.« Der Naturschutz wusste um die Kollaboration mit dem Nationalsozialismus, dass da »irgendwas nicht in Ordnung« sei, sollte aber nicht hinterfragt werden. Klose hatte die Devise ausgegeben, so Uekötter: »Reihen schließen, entschlossene Arbeit, Konzentration auf das Hier und Jetzt«. Und Klose, dem nach 1945 half, nicht Parteimitglied gewesen zu sein und der sich deshalb keinem Entnazifizierungsverfahren unterziehen musste, handelte auch selbst. Er war kurzzeitig in der Lüneburger Heide abgetaucht, sagt Nils Franke, aber dank seiner Verbindungen konnte er die »Reichsstelle für Naturschutz«

1952 gewissermaßen in die Bundesanstalt für Naturschutz und Landschaftspflege überführen. Bis 1954 blieb er ihr Leiter, dann folgte ihm Gert Kragh in die Vorgängerbehörde des Bundesamtes für Naturschutz, der im Zweiten Weltkrieg engen Kontakt zu den Landschaftsanwälten von Alwin Seifert gehalten hatte, erklärt Franke. Seifert lehrte derweil als außerordentlicher Professor an der Technischen Hochschule München, bis er 1955 emeritiert wurde. Er gilt bis heute als einer der ersten Vertreter der Ökologiebewegung in Deutschland und als Vorreiter des biologischen Landbaus. In den 50er Jahren wurde er Vorsitzender des Bundes Naturschutz in Bayern, 1961 erhielt er das Bundesverdienstkreuz.

Nach 1945 legte Hans Klose die Bedingungen für solche Karrieren. Aus seiner »privilegierten Position« schrieb er »für von Entnazifizierungsverfahren Betroffene massenhaft Entlastungsbriefe«, führt Frohn aus. Die Verfahren endeten für die meisten Naturschutzbeauftragten mit dem Urteil »Mitläufer« oder »Entlastetet«. Im April 1946 beklagte Klose dennoch, dass die Verfahren »empfindliche Lücken« in ihre Reihen gerissen hätten. Tatsache war aber, dass dank Klose frühere Netzwerke neu zu arbeiten begannen. »Vor allem bei den Spitzenkräften des Naturschutzes herrschte weitestgehend Kontinuität«, schreibt Frohn. Fast alle, die vor 1945 eine führende Stellung hatten, hatten spätestens 1946/47 wieder eine inne – auch Heinrich Wiepking-Jürgensmann und Werner Bauch. Sie stehen exemplarisch für die Kontinuität in beiden deutschen Staaten. Nach 1945 wurde Wiepking-Jürgensmann Professor für Gartenbau und Landeskultur der Technischen Hochschule Hannover. Werner Bauch prägte in der DDR den Naturschutz mit. Auch Wilhelm Hirsch machte weiter Karriere, von 1951 bis 1953 war er Leiter des Bundes Deutscher Gartenarchitekten, 1954 erfolgte die Ernennung zum Ehrenpräsidenten.

Die Verwunderung bei aktuellen Diskussionen über das historische Erbe offenbart eine Verweigerung in der Natur- und Tierschutzszene. Die personellen Verstrickungen und ideologischen

Verbindungen werden kaum wahrgenommen oder ausgeblendet. Zu lange scheint im amtlichen Naturschutz Kloses Auffassung, dass Naturschutz selbst unpolitisch sei, angenommen zu werden. Hans Klose bezeichnet die Jahre 1935 bis 1939 als die »hohe Zeit« des Naturschutzes. 1947 schrieb er: »Ich war nie Parteimann, wohl aber – Naturschützer, und um diese meine Sache zu fördern, ist mir jedes Mittel, was nicht durch Gesetz oder Moral verpönt ist, recht.« Die Moral? Nach den Verbrechen des Nationalsozialismus eine gewagte selbsternannte Wertekategorie.

Die Brisanz der Debatte um die Historie offenbart auch die »Grüne Charta von der Mainau«. Bis heute gilt die 1961 formulierte Charta als Gründungsdokument des bundesdeutschen Natur- und Umweltschutzes. An der Erstellung waren auch Kragh und Wiepking-Jürgensmann beteiligt. Eine Untersuchung aus dem Jahr 2014 von Hildegard Eissing, damals Lehrbeauftragte der Universität Mainz, zeigte, dass rund 68 Prozent der an der Charta beteiligten Personen in unterschiedlicher Weise im NS-Regime organisiert waren. Bis heute würden diese Verstrickungen nicht klar benannt, sondern »kollektiv beschwiegen«, schreibt Hildegard Eissing in der Zeitschrift »Naturschutz und Landschafsplanung« im August des Jahres.

Diese Aussagen verstimmten den Deutschen Rat für Landespflege. Auch in einem Artikel aus dem Jahr 2016, an dem ein Mitglied des Rates mitgewirkt hat, ist keine Distanzierung von der Interpretation der Verfasser der Charta zu lesen. Aus den Mitgliedschaften ließen sich keinen Überzeugungen des besagten Personenkreises ableiten, erklärte der Rat. Uekötter betont indes: »Es geht um ideologische Affinitäten und dubiose Bündnispartner, um Zwänge totalitärerer Gesellschaften und die Bereitschaft zur Selbstmobilisierung.« Den Hang zu »starken Männern« und zu autoritären Vorstellungen zu hinterfragen, genüge nicht, sagt Nils Franke. Die meist fehlende historische Auseinandersetzung, so der Historiker, führte bis heute dazu, dass Naturschützer überrascht sind, wenn sie erkennen, dass Rechtsextreme ihre Anliegen unterstützen.

Wehrdörfer und »national befreite Zonen«

Immobilienstrukturen der völkischen Netzwerke

Am Fuße der Burgruine, zwischen felsigem Sandsteinabhang und Unstruttal, liegt die ehemalige Wassermühle Wendelstein. Anfang des 19. Jahrhunderts gehörten zur mittelalterlichen Burg in Memleben 33 Gebäude, darunter die 1793 erbaute Mühle unten am Fluss. Deren Mahlanlage wurde in den 1930er Jahren abgerissen, die große Ölmühle demontiert. Übrig blieben drei umgebaute Wohnhäuser und einige Nebengebäude, die seit 2006 von zwei Familien denkmalgerecht saniert werden. Die Neuzugezogenen hegen eine »besondere Lebensart«, die sie auch nach außen präsentieren. Sie interessieren sich für Mystik und Brauchtum, Volk und Weltkrieg. Jens Beutel etwa gibt den urigen Kauz, der seine Sätze gern in der Sprache des Mittelalters formuliert, Weihnachten im Wald feiert und vieles aus seinem Leben bei Facebook postet. Miteigentümer Ivo Haltenorth singt als »El Vagabundo« bündische Lieder zur Gitarre, früher nannte er sich Iwolf, jetzt Ivo von Osforthe. Er veröffentlicht in Regionalblättern Texte über die Historie der Umgebung um den Wendelstein und publiziert unter anderem in einer Literaturzeitschrift des rechten Thüringer Kleinverlages Arnshaugk . Bis zur Auflösung 2000 war er bei der rechtsextremen *Wanderjugend Gibor*, schrieb Sprüche, die auch von der *Heimattreuen Deutschen Jugend* übernommen wurden. Beide Mühlenbesitzer entsprechen nicht dem Bild klassischer Nazis, sie bewegen sich eher zwischen Burschenschaftern, Bündischen, Vertriebenen und Esoterikern. Auf ihrem Anwesen in der Gemeinde Kaiserpfalz in Sachsen-Anhalts Süden bleiben sie nicht die einzigen volkstümelnden Exoten. Die alte Mühle lockt Künstler, Gaukler- und Mittelalterfans an. Sie liegt »im Herzen Mitteldeutschlands« in einer geschichtsträchtigen Region mit sensationellen archäologischen Funden. Ganz in der Nähe fanden Grabräuber 1999 die etwa 3600 Jahre alte »Himmelsscheibe von Nebra«, eine Kupferscheibe mit goldenen Himmelssymbolen. Seither pilgern auch rechte Reisegruppen immer wieder in den Landstrich, um die astronomischen Verdienste ihrer Vorfahren zu ehren.

Am 15. September 2018 lädt der *Orphische Kreis* zu »Folk und Poesie« nach Nebra. Unter dem Motto »Ernte unterm Bronze-Mond II« möchte eine konservative Kulturavantgarde mit auffälligem ästhetischem Gestus und neurechter Ideologie zu Lyrik und Klängen feiern. Doch ihre Kultur ist Politik. Ähnlich rechtsextremer Praxis wird der genaue Ort der Veranstaltung erst nach Anmeldung mitgeteilt. Das Fest findet schließlich in der mittelalterlichen Wassermühle Wendelstein, acht Kilometer von Nebra entfernt gelegen, statt. Die rund 60 Gastgeber und Besucher, die sich bei gutem Wetter im Burgenlandkreis einfinden, sind eine vermeintlich nonkonforme Gruppe. Eine NPD-Politikerin aus dem Bundesvorstand ist darunter, eine Aktivistin der *Identitären Bewegung* sowie ein exzentrischer Akademiker, häufiger Referent in rechtsextremen Kreisen. Zum *Orphischen Kreis* gehören Uwe Nolte, Dr. Carsten »Baal« Müller und Rudolf Seitner alias Sänger »Sonnenkind«. Nolte und Müller sind wie Haltenorth Autoren des Arnshaugk-Verlages. Die Namenswahl des »Orphischen Kreises« spiegelt den Wunsch nach einem elitären Habitus wider. Die Orphiker nennen sich nach einer religiösen Strömung der Antike, feiern die Wiederkehr diverser Glaubensrichtungen und Lehren. Angelehnt an Orpheus, der in der griechischen Mythologie in die Unterwelt stieg, um im Totenreich seine verstorbene Frau zu finden und sie in die Welt der Lebenden zurückzuholen. Der gemeinsame Aufstieg missglückt, aber Orpheus erhielt aus Sicht der Orphiker Einblick in die Totenwelt. Immer wieder geht es in diesem Kreis um Wissen fernab wissenschaftlicher Lehren.

In der Einladung zur Veranstaltung heißt es, Nolte trage sein

Ein Gründer (oben) des Orphischen Kreises *mit Gästen in Memleben*

deutsch-russisches Konzert »Brudervölker« als musisches, poetisches und filmisches Gesamtkunstwerk vor, welches von »Versöhnung zwischen einstigen Feinden« handelt und den ständigen Bestrebungen, Zwietracht zwischen Deutschland und Russland zu säen, entgegentrete. Sie seien eine Gruppe von Künstlern, die »auf verschiedene Weise in dieser Zeit mit echter, seelenvoller Kunst dem Schönen dienen wollen«. Der *Orphische Kreis* und seine Anhänger verdeutlichen das dynamische Kulturverständnis der Neuen Rechten. Offene Bezüge zur Realpolitik werden in Dichtung gekleidet. Innerhalb des völkischen Milieus konnte sich eine Musik- und Kulturszene verankern, die politische Positionen aus dem Ideenspektrum der extremen Rechten mit kulturellen Projekten aus den Subkulturen kombiniert. Esoterik und

Heidentum, Tradition und Ökologie beleben Musik und Texte. Sounds und Lyrics des Neofolk, Dark Wave und Black Metal haben gesamtgesellschaftliche Fans. Der Habitus des Antimodernen gefällt neu-rechts Orientierten, hebt ihr Selbstbild von Exklusivität und Intellekt. Kein Zufall, wenn der führende Aktivist der *Identitären Bewegung* in Österreich und Deutschland, Martin Sellner, am 28. Juli 2016 twittert: »Neofolk hat mich zum Aktivisten gemacht«, und auf YouTube am 18. Juni 2017 ein Video »Neofolk für Fortgeschrittene« online stellt. In dieser Verbindung mit lokalen Projekten bildet sich eine fremde Nischenwelt, die sich an Orten wie in Memleben offenbart.

Melanie Schmitz ist aus Essen angereist. Das Bundesland Sachsen-Anhalt kennt sie bestens. Seit rund vier Jahren ist sie Aktivistin der *Identitären Bewegung*, wohnte zeitweilig in deren Homebase, dem »Haus Flamberg« in Halle. Mit ihrem »AfD-Song« erzielte Schmitz als Sängerin »Melanie Halle« 2016 fast 500 000 Klicks bei YouTube. Die eigenwillige junge Studentin wurde als »Postergirl« der neuen extremen Rechten tituliert. Fotos zeigen 2017, wie die zierliche Frau von Polizisten in Berlin abgeführt wird, nachdem identitäre Kletterer vergeblich versucht hatten, das Vordach des Bundesjustizministeriums zu besetzen. Ende 2018 taucht sie bei einer Kundgebung in Bonn neben Reinhild Boßdorf auf, eine der IB-Frauen, die den »Migrationspakt« der Bundesregierung stoppen wollen. Dort spricht Schmitz für die *Identitäre Bewegung* und verkündet mit lauter Stimme: »Das deutsche Volk stirbt«. Beim »Ernte unterm Bronze-Mond«-Fest in Memleben singt Melanie Schmitz Lieder des Neofolk. Ihre Anmoderationen trägt sie leise, mit schüchternem Verve vor. Der Auftritt in einem Nebengebäude der Wassermühle wird gefilmt und später bei YouTube online gestellt.

Zu den Gästen gehört neben einem bulligen Glatzkopf in schwarzer Bomberjacke auch Ariane Meise, NPD-Kommunalpolitikerin aus Nordrhein-Westfalen. Lokale Aktivisten dagegen fehlen an diesem Tag, zeitgleich findet im benachbarten Saalekreis auf dem Rittergut der Kubitscheks eine Hochzeit statt. Unter den dortigen Gästen aus dem neurechten Spektrum sind *Identitäre*, Bündische und Burschenschafter aus Halle. Durch Zuzüge und Ansiedlungen ist Sachsen-Anhalt inzwischen zu einem Tummelplatz Nationalgesinnter geworden.

»Baal« Müllers langer Rauschebart und ein ruppig gebundener Kranz aus Blumen und Zweigen, den er auf dem Kopf trägt, verleihen dem exzentrischen Mitbegründer des *Orphischen Kreises* die Erscheinung eines Waldschrates. Er läuft in Memleben mit einer rot-weißen großen Trommel über den Hof. Der Schriftsteller, Verleger und Publizist, der in Treuenbrietzen in Brandenburg lebt, publizierte in Kubitscheks Antaios Verlag und referierte beim *Institut für Staatspolitik* in Schnellroda. 2017 trat »Baal« Müller bei der schlagenden Greifswalder Burschenschaft *Rugia* auf, einer Studentenverbindung mit Kontakten ins rechtsextreme Milieu. Zu hören war er im selben Jahr auch als Redner vor den aufgebrachten Massen bei *Pegida* in Dresden. Kritischen Nachfragen begegnet Müller mit Argwohn und der Argumentation, dass der *Orphische Kreis* mit Politik und Religion nichts zu tun hätte, die »politische Gesinnung« ihrer Gäste« werde nicht geprüft. Zur *Identitären Bewegung* und zur NPD habe man »gar kein Verhältnis«, Melanie Schmitz sei als Privatperson zu ihnen gekommen und »nicht als Vertreterin der IB«. Der Besuch eines Gastes aus den Reihen der NPD sei ihm nicht bekannt, so Müller auf Nachfrage.

Als weitere Künstlerin tritt die Liedermacherin Swantje Swanhwit aus Hamburg auf, die mit bürgerlichem Namen Iris Kathrin Fischer heißt. »Ihre Melodien sind der Schönheit der nordischen und germanischen Natur gewidmet«, heißt es in der ersten Ausgabe des Magazins »Werk-Kodex« aus dem rechtsextremen Nordland-Verlag. Im Interview berichtet Fischer, sie greife auf einen Musikstil zurück, der sie seit frühester Jugend geprägt habe: Volkslieder. Und damit meine sie nicht die »oberflächliche volkstümliche Musik«, sondern »jenes, aus neuer und alter Zeit überlieferte Liedgut, das dem Schaffen, Werden, Wesen und dem Seelenleben des Volkes entspringt«. Fischer beklagt gegenüber »Werk-Kodex«, dass viele Frauen heute die mythologischen »Urstärken« verloren hätten, »ihr kriegerisches, mütterliches und intuitives Wesen« sei »abgetrennt von den eigenen Ahnen«. Frauen seien »Feinde des Mannes und seines Krieger- und Heldentums geworden«. Auf ihrer Webseite »Heidnische Balladen« weist Fischer im April 2019 »Journalisten, Autoren und andere Schreiberlinge« darauf hin, dass »Germanisches Heidentum (…) eine Naturreligion« und »keine politische Ausrichtung« sei. Ihre Tonträger enthielten zudem »keinerlei politische Texte und behandeln hauptsächlich heidnische, romantische und naturmythische Themen«. Zur Ausrichtung ihrer Anhänger merkte sie an, dass es nicht ihre Aufgabe sei, bei den Fans »Gesinnungsschnüffelei zu betreiben«. »Jeder, ob links oder rechts«, könne ihre Lieder »mögen oder eben nicht«. Die Argumentationslinien der Akteure gleichen sich auffällig.

Die Besitzer der Wassermühle Wendelstein in Memleben bieten den vielen Gästen im September 2018 mehr als ein historisches Ambiente. Sie leben das Anderssein nicht nur, sondern zeigen es. Mitveranstalter Uwe Nolte aus Halle ist zudem gut vernetzt, schließlich verfügt er über eine illustre Vergangenheit. Ursprünglich kommt Nolte aus der Punk- und Metalszene in Halle, er soll unter anderem Tierpfleger und Fährtenhundeführer bei den DDR-Grenztruppen gewesen sein. Als Mitglied des Musikprojektes »Orplid« verschrieb er sich der »Pflege der deutschen Sprache«. Nach einer CD 1999 zum »Gedenken an die Unschuldigen (Soldaten), die (in) den Kriegen des Jahrhunderts ihr Leben lassen mußten, um später von der Geschichte mit Füßen getreten zu werden«, kündigte er Ende 2018 ein neues Album an, das den hintergründigen Titel »Deus vult« trägt – »Gott will es«. Mit jenem Bekenntnis begann 1095 der erste Kreuzzug, um das »christliche Abendland« von den muslimischen Seldschuken zurückzuerobern. Mitte Februar 2019 trägt Nolte im »Flamberg«, dem »patriotischen Zentrum« der *Identitären Bewegung* in Halle, »unzeitgemäße und rebellische Kunst« vor. Auf Nachfrage gibt er an, sich »kaum für Politik zu interessieren«, und weiter: »Ich scanne Menschen auch nicht mit ideologischer Brille.« Seine Veranstaltungen könne angeblich jeder besuchen.

Die Wendelsteiner Mühlenbesitzer sind selbst vielfältig politisch vernetzt, achten aber gleichzeitig auch auf eine gute regionale Verankerung. Sie wollen sich nicht abschotten, ein Fahrradweg führt direkt über ihr Grundstück. Sie kennen Nachbarn im Dorf, die Familien werden zu Feiern eingeladen. Auf Anfragen für dieses Buch reagierten sie nicht.

Wohlwollend berichtete eine Lokalzeitung 2011 über eines der ersten »unkonventionellen Konzerte« in der Wassermühle. Ausweichend antwortete Ivo Haltenorth bei früherer Gelegenheit auf die Frage, ob sein Miteigentümer Beutel aktiv in der rassistischen Organisation *Artgemeinschaft – Germanischen Glaubensgemeinschaft* sei: »Wir haben ein Gehöft, aber getrennte Häuser.«

Stukkateur Jens Beutel, aus dem nahe gelegenen Bad Bibra stammend, nannte sich bei Facebook lange »Mühlenschrat Lichtsucher«. Sein Markenzeichen ist der Zwirbelbart, oft trägt er eine mit Fantasieemblemen verzierte Kopfbedeckung, deren Form in Studentenverbindungen »Biertonne« genannt wird. Beutel war mehrfach Gast bei völkischen Brauchtumsveranstaltungen. Er stand im internen Verteilerkreis der *Schlesischen Jugend* in Thüringen, zitierte den NS-Dichter Hans Baumann oder besuchte eine Veranstaltung des *Freibund*-nahen »Tanzkreises Spree-Athen« in Berlin. Der »mittellose Handwerksgesell« tauscht sich bei Facebook wiederholt mit Jens Bauer aus, einem Rechtsextremisten, der ebenfalls im Burgenlandkreis, etwa 70 Kilometer entfernt von Memleben, in Bornitz, einem Ortsteil der Gemeinde Elsteraue, wohnt. Seit 2015 ist Bauer Vorsitzender der ariogermanischen Sekte *Artgemeinschaft – Germanische Glaubensgemeinschaft wesensgemäßer Lebensgestaltung* und steht als solcher im Verfassungsschutzbericht des Landes Sachsen-Anhalt. Die *Artgemeinschaft* mobilisiert mehrmals im Jahr Hunderte von Anhängern, die sich verborgen im Südharz treffen. In der abgelegenen Wanderherberge »Hufhaus« bei Ilfeld gab es zur Sommersonnenwende 2018 ein volles Programm für die Teilnehmer und ihre Familien. Es begann mit einer »Thing« genannten Versammlung, Runenlehrkurse folgten, danach gab es Volkstanz und einen »Germanischen Sechskampf«. Die *Artgemeinschaft* versteht sich als »Kampfverband«, dessen Ziel die »politische Befreiung des Landes« ist. »Orientalismus« sowie Juden- und Christentum werden als Feindbilder betrachtet.

In der sachsen-anhaltischen Provinz betreibt der Unternehmer Jens Bauer nebenher das »Versandhaus Artam« und eine Stickerei gleichen Namens. Das Wort Artam hat im Altdeutschen mit Ackerbau zu tun. 1923 griff der völkische Schriftsteller Willibald Hentschel (1858 – 1947) es auf und forderte die Gründung einer »ritterlichen deutschen Kampfgemeinschaft auf deutscher Erde«. Hentschel, Vorstandsmitglied der antisemitischen *Deutschsozialen Partei,* nannte sie *Artam*. Heute bewegen sich völkische Siedler wieder im Geist der Artamanen.

Jens Bauer ist es, der im Sommer 2018 dem verurteilten Rechtsterroristen Ralf Wohlleben bei sich in Bornitz Unterkunft gewährt. Wohlleben aus Jena war im Zusammenhang mit den Verbrechen des *Nationalsozialistischen Untergrund* (NSU) vom Oberlandesgericht München wegen Beihilfe zum Mord in neun Fällen zu einer Freiheitsstrafe von zehn Jahren verurteilt worden. Da der 44-jährige Familienvater aber bereits sechs Jahre und acht Monate in Untersuchungshaft gesessen hatte, wurde er auf freien Fuß gesetzt. Jens Bauer war während des Verfahrens häufig im Gerichtssaal und hat dem Angeklagten während des fünfjährigen Prozesses Beistand geleistet. Wohlleben, der als Waffenbeschaffer des NSU gilt, verriet die »nationale Sache« bis zuletzt nicht, weshalb die Szene für ihn sammelte und Solidaritätskonzerte organisierte.

Völkische Siedler zieht es nicht nur in den Burgenlandkreis, sondern in ländliche Regionen bundesweit. Dort nehmen sie Einfluss auf das Kulturgut der regionalen Szene. Ihre Lebensweise ist kein Trend, sondern Weltanschauung. Sie verweigern sich oft dem modernen Zeitgeist, nicht Parteien oder Kameradschaften stellen ihre vorrangige Gemeinschaft dar, sondern Familie und weitverzweigte Verwandtschaft. Organisiert sind viele in Bünden oder kulturellen Gruppen.

Vor allem der Landesteil Mecklenburg ist als reine Art Modellregion neonazistischer Siedlungsstrategien bekannt geworden. Dort erhielten junge rechte Pioniere wiederum Schützenhilfe beim Aufbau von Hofgemeinschaften von erfahrenen Verwandten und Bekannten aus Dörfern in der Lüneburger Heide. In Niedersachsen wird auf zahlreichen braunen Schollen Rassenideologie und nordisches Brauchtum generationsübergreifend lebendig gelebt. Gemeinsame Rituale im Kreise kleiner und großer »Volksgenossen« schweißen die Gruppen hüben wie drüben zusammen.

In den strukturschwachen Regionen stehen nicht nur ausreichend Häuser zur Verfügung, sondern es bieten sich auch beste Möglichkeiten, in Schulen, Kindergärten und Vereinen Ehrenämter zu besetzen und in die Gesellschaft vor Ort hineinzuwirken. Seit die *Alternative für Deutschland* (AfD) 2014 erste Wahlerfolge hatte und es dank breiter, arbeitsteilig arrangierter Unterstützung gelang, den öffentlichen Diskurs näher an die völkisch-nationalistische Ideologie heranzurücken, wagen mehr und mehr ein offenes politisches Bekenntnis und versuchen vor Ort, Zuspruch und Einfluss zu gewinnen.

Bei Polizei und Verfassungsschutz stehen völkische Netzwerke und deren Wirtschaftsstrukturen nach wie vor nicht im Fokus. Man konzentriert sich offenbar eher auf bekannte rechtsextreme

Szenetreffpunkte, Schulungszentren und Gaststätten. Das Bundesinnenministerium ging Anfang 2018 von 136 Immobilien aus, die durch extrem Rechte kontrolliert werden. Zu fast der Hälfte der Immobilen machen die Behörden keine Angaben. Vermutlich sollen bezahlte Szenespitzel im strategischen Umfeld nicht gefährdet werden. Unter den aufgelisteten Anwesen sind vor allem Häuser, die bereits durch die Medien bekannt geworden sind. Dazu gehören das Gasthaus »Goldener Löwe« von Tommy Frenck im thüringischen Kloster Veßra mit seinen Schnitzeln für 8,88 Euro an Hitlers Geburtstag oder der »Hof Märkische Heide« des *Bundes für Gotterkenntnis – Ludendorff* in Kirchmöser in Brandenburg. Doch das ist nur ein Bruchteil der von Nationalisten für politische Veranstaltungen und Treffen genutzten Anwesen. Die Grauzone ist groß. Auch finden weder das Rittergut Schnellroda mit seinem *Institut für Staatspolitik* noch der sogenannte Harzhof im Ortsteil Abberode der Gemeinde Mansfeld im jährlichen Verfassungsschutzbericht des Landes Sachsen-Anhalt Erwähnung. An den Akademieveranstaltungen des *Instituts für Staatspolitik* in Schnellroda nehmen regelmäßig Aktivisten der rechtsextremen *Identitären Bewegung* teil. Der »Harzhof« der reaktionären *Jungen Landsmannschaft Ostdeutschland* im Südharz ist weniger bekannt, aber dennoch von überregionaler Bedeutung. Das Anwesen dient vor allem als Treffpunkt für ganze Familien. So finden dort seit Jahren immer wieder »Osterlager« von Rechtsextremen mit Kindern statt, oder rechte Burschen und Bündische begehen dort mit ihren Partnern das Ritual der heidnischen »Eheleite«. Fotos zeigen auch die Memlebener Mühlenbesitzer auf dem »Harzhof« – er liegt unweit ihrer Scholle.

Ein einheitliches Vorgehen bei der völkischen Landnahme ist bisher nicht erkennbar. Seit den 1990er Jahren verfolgen die Akteure unterschiedliche Herangehensweisen. Der ehemalige Kameradschafts-Aktivist Steffen Hupka aus Hohenthurm veröffentlichte zum Thema 2012 erstmals die Broschüre »Neue Wege – Ideen zu einem anderen Kampf: Unabhängige Wehrdörfer als Selbstbehauptung und Kampfform«. Vier Jahre später erschien eine überarbeitete Variante. Hupka stellt folgende Forderungen auf: »Die Einheit einer nationalen Wehr- und Siedlungsgemeinschaft muss sich in folgenden Bereichen zeigen: 1. in einer unerschütterlichen nationalsozialistischen Weltanschauung. 2. unbedingte Opferbereitschaft bis in den Tod. 3. rassische Zugehörigkeit zu den germanischen Völkern und genetische Gesundheit.« Voraussetzung für das neue Leben sei ein »radikaler Abschied von dem, was uns krank macht«, hin zu einer »eigenen, selbstbestimmten, guten und gesunden kleinen Welt«.

Diese völkische Utopie soll offenbar in Jamel verwirklicht werden. Das kleine Dörfchen mit seinen knapp 50 Einwohnern unweit der Ostsee im Landkreis Nordwestmecklenburg gilt inzwischen als »national befreite Zone«. »Dorfgemeinschaft Jamel – frei, sozial und national« verkündet die Inschrift auf einem Findling. Der frühere Bürgermeister der zuständigen Gemeinde Gägelow sagt resigniert: »Wir haben Jamel aufgegeben.« Dem dort lebenden Kameradschaftsanführer Sven Krüger war es über die Jahre hinweg gelungen, Gefolgsleute zu bewegen, sich in dem Ort anzusiedeln. Viele Verurteilungen Krügers unter anderem wegen schwerer Körperverletzung, Landfriedensbruch und gewerbsmäßiger Hehlerei schmälerten nicht das Szeneansehen des Abrissunternehmers.

In Jamel wehren sich Birgit und Horst Lohmeyer gegen diese Entwicklung. Das Künstlerehepaar war 2004 von Hamburg nach Jamel gezogen, es lebt dort auf dem »Forsthof«. Die Lohmeyers konnten beobachten, wie sich die Szene in ihrer unmittelbaren Nähe über die Jahre wandelte: »Früher waren sie noch im subkulturellen Skinheadmilieu angesiedelt, jetzt wenden sie sich von ›Sauffeiern mit Rechtsrockmusik‹ hin zu ›traditionellen Festen wie Tanz in den Mai, Lichterfest im Herbst und Sonnenwenden in Sommer und Winter‹.« Kinder sind dabei, wenn wie 2015 am Feuerstoß mitten im Dorf Liedgut aus dem Dritten Reich ange-

Rechtsextremist Sven Krüger (vorn) und Gefolgsleute beim Aufstellen eines Maibaums in Jamel, 2019

Impressionen aus Jamel: Heidnischer Leuchter und Protest-Transparent

stimmt wird. Im politischen Kern hat sich jedoch nichts geändert. Das bekommen die beiden Künstler hart zu spüren. Einen normalen Alltag gibt es für sie nicht. Jede Fahrt mit dem Auto führt vorbei an den Nachbarn. Auch ein Spaziergang zur nur wenige Kilometer entfernten Ostsee ist nicht selbstverständlich, wenn man derartig von der Dorfmehrheit gehasst wird. Doch die Lohmeyers wollen sich von ihrem idyllischen Hof nicht vertreiben lassen. Auch nachdem im August 2015 ihre Scheune niedergebrannt wurde und die Täter davonkamen, machen sie weiter. Mit dem Festival »Jamel rockt den Förster« bieten sie alljährlich eine kulturelle Alternative zu den völkischen Events. Die Open-Air-Veranstaltung setzt ein deutliches Zeichen für Demokratie und gegen Rechtsextremismus in Mecklenburg-Vorpommern.

Das Konzept der gezielten Ansiedlung wie in Jamel hat für die rechte Szene Vorbildcharakter. Bereits 2011 schwärmte die NPD auf dem Internetportal »MUP-info« vom nationalen Dorfleben und hoffte, dass es womöglich bald »Dutzende und womöglich Hunderte Orte« gebe, »in denen demokratischer Verfall der nationalen Aufbauarbeit weicht«. Die Jugendorganisation der NPD, die *Jungen Nationaldemokraten,* setzten sich in ihrer Zeitung »Der Aktivist« in der Ausgabe Nr. 1/2016 mit den Zielen des Siedelns auseinander. Demnach sollen »nationale Infrastrukturen« im ganzen Land geschaffen werden. Nach dem gescheiterten Wiedereinzug der NPD in den Schweriner Landtag 2016 mit 4,8 Prozent verkündete der damalige Vorsitzende der *Jungen Nationaldemokraten,* Sebastian Richter, in »Der Aktivist«, dass die »Graswurzelarbeit« wichtiger sei als die Parlamentssitze. Zwei Legislaturperioden hatte die NPD im Schweriner Landtag gesessen und »nationale Zentren« als ideale Ausgangspunkte für diese politische Graswurzelarbeit aufgebaut. Unter dem Motto »Alle für eine Idee!« wurde die »Mecklenburg-Vorpommersche Strukturentwicklungs-Genossenschaft« – kurz MVSE – beim Amtsgericht Schwerin eingetragen. Der Name klang wenig verdächtig, doch dahinter verbarg sich die NPD, die Anschrift der

Genossenschaft war mit dem Szenetreff »Thing-Haus« im Gewerbegebiet von Grevesmühlen identisch. »Mit der Zahlung von 500 Euro je Geschäftsanteil ist die Mitgliedschaft in der Genossenschaft möglich, plus 50 Euro als einmaliges Eintrittsgeld«, hieß es. Zwei Jahre nach der Gründung ist die Genossenschaft 2018 Geschichte. Nach einer Überprüfung wurde dem Genossenschaftsverband die Trennung von der MVSE nahegelegt, da kein rechtsextremes Projekt in der ostdeutschen Provinz unterstützt werden sollte. Vor dem bevorstehenden Rauswurf beschloss die Genossenschaft die Selbstauflösung.

Auch wenn das Projekt scheiterte, zeigt es doch eine Variante der vielfältigen nationalistischen Landnahmekonzepte. Im Heft Nr. 2 von »Umwelt & Aktiv« aus dem Jahr 2016 wird von »völkischen Siedlern« im Wendland berichtet. Der gelernte Forstwirt und angestrebte Selbstversorger »Timothy« aus dem Landkreis Lüchow-Dannenberg berichtet, seit 2008 den Ausstieg aus Konsum und Komfortzone vollzogen zu haben. In speziell dieser niedersächsischen Region wäre es aber für ihn und seine Frau »schwierig«, da »hier sehr viele Alt-68er wohnen, die ihren Kampf für das Bessermenschentum sehr ernst« nehmen. Sie würden »diese Region für sich« beanspruchen und seien »merklich erzürnt«, dass »da ein nationaler Bengel Pionierarbeit leistet und ihnen zeigt, was es wirklich mit Naturschutz und alternativer Lebensweise auf sich hat«. Timothy Laack, der sich selbst als »völkischen Sozialisten« bezeichnet, wollte nicht nur »fernab der künstlichen Konsumwelt« naturverbunden leben, wie im Magazin angedeutet wurde. Beim russischen Pendant zu Facebook, dem VK-Netz, hatte er gezielt szeneintern für seinen »kleinen völkischen Wehrhof« Interessierte für ein »gedeihendes Hofleben« gesucht. Dazu gehöre für ihn eine »naturorientierte Lebensphilosophie, welcher ein biologistisches und organisches Weltbild« zugrunde liege, schrieb Laack, der bei Facebook auch mit Angehörigen der rassistischen *Artgemeinschaft* kommuniziert.

Mit einem weiteren Raumnahme-Projekt der extrem rechten Szene ist Daniel Fiß aus Rostock verbunden. Er war einige Jahre bei den *Jungen Nationaldemokraten* aktiv, heute ist er im Vorstand der *Identitären Bewegung*. Der heimatliebende Politikstudent ist seit März 2019 befristet bei dem sächsischen AfD-Bundestagsabgeordneten Siegbert Dröse beschäftigt, er sei für ein Projekt im »Bereich Grafikdesign und -entwicklung« bei ihm angestellt. Fiß ist laut Homepage mitverantwortlich für das neue IB-Vorhaben »Schanze Eins«. Dahinter verbirgt sich ein »Strukturprojekt«, mit dem Unterstützer und Aktivisten der *Identitären* zusammengebracht werden sollen. Auf der Homepage lautet das Ziel von »Schanze Eins«, »langfristig Freiräume« zu schaffen. Drei *Identitäre*, darunter Fiß, riefen das »patriotische Großprojekt« Ende 2018 ins Leben. Im ländlichen Raum sollen nationale Familien mit dem Bau von günstigen Fertighäusern aus Holz versorgt werden. Außerdem sollen Landflächen von vier bis zehn Hektar Größe erworben werden, um Platz zu gewinnen für Festivals und politische Zusammenkünfte. Für die Städte sind neue patriotische Bars und Restaurants geplant, in studentisch geprägten Städten sollen identitäre Zentren und weitere Treffpunkte entstehen.

»Wie in Italien will man in den Städten Brückenköpfe schaffen und von dort aus die konservative Revolution starten, die keine Revolution ist, sondern ein Umsturz«, erklärte der Architekturtheoretiker Stephan Trüby von der Universität Stuttgart am 26. Oktober 2018 im »Deutschlandfunk«. Die Neuen Rechten in Deutschland sind bei dieser Idee inspiriert von extrem Rechten in Italien. Die *Casa Pound*-Gruppe besetzte 2003 in Rom ein sechsstöckiges Gebäude mitten in einem migrantisch geprägten Viertel nahe dem Bahnhof. Sie baute ihr Haus zu einem politischen Zentrum aus, das wiederum in die Peripherien ausstrahlt. Finanziert werden sollen diese Pläne der Raumergreifung durch sympathisierende Geldgeber. Bereits 2017 haben die *Identitären* europaweit bewiesen, dass sie über eine spendierfreudige Anhängerschaft verfügen. Für das Projekt »Defend Europe«, bei dem

Identitäre mit einem gecharterten Schiff Flüchtlinge auf dem Mittelmeer ausfindig machen und an ihre Startorte zurückbringen wollten, sammelte die Organisation in kürzester Zeit nach eigenen Angaben 173 000 US-Dollar, umgerechnet fast 154 000 Euro.

Eine weitere Finanzierungsquelle ist der Verein *Ein Prozent für unser Land.* Für dessen Projekt »Landraum« werden nach wie vor »Pioniere« gesucht, um den ländlichen Raum von der »linksliberalen Schickeria« zurückzuerobern. Den Verein haben 2015 der Verleger Götz Kubitschek, der Chefredakteur der Zeitschrift »Compact« Jürgen Elsässer und Hans-Thomas Tillschneider, AfD-Landtagsabgeordneter in Sachsen-Anhalt, mitinitiiert. Sie verfolgen das Ziel, ein Prozent der Deutschen als Unterstützer ihrer rechten Projekte zu gewinnen. Dies würde ausreichen, um genug politische Macht auszuüben, das System grundlegend zu verändern. Im April 2019 gab der Verein an, über mehr als 44 000 Unterstützer zu verfügen.

Mit den Landraum-Projekten wird angestrebt, Lebensräume jenseits der »Multikulti-Realität« in vielen Großstädten zu schaffen, sodass man dort »unter Gleichen« leben könne. »Feste Orte mit Strahlkraft« zu errichten, hatte Götz Kubitschek bereits früher gefordert. Es gehe, laut Angaben von *Ein Prozent,* nicht darum, geschlossene Siedlungen oder Parallelräume zu errichten, sondern die »neu Niedergelassenen« sollen sich weiträumig ansiedeln und dann eng vernetzen. Jungen deutschen Familien werde die Aufgabe zuteil, »mit großer Sorgfalt eine so bitter notwendige kinderreiche Familienstruktur« aufzubauen, in der »der Geist unseres Volkes würdig, klug und gesittet zu Hause ist«, heißt es in einer Werbemail der Organisation. Neben den »Pionieren« werden auch hier vor allem Investoren zur Direktförderung gesucht. *Ein Prozent* berichtete 2018, dass sich die ersten 15 Familien bereits im »Informations- und Konzeptprüfmodus« befänden und im Jahr zuvor die ersten drei Familien in die Zielgebiete gezogen seien, um sich dort in die »Wertegemeinschaft« einzuleben. Drei weitere mit insgesamt sieben Kindern seien im Januar 2018 in

Phase 2 eingetreten, befänden sich also in der »praktischen Umzugsvorbereitung«.

Wie ernst ihnen diese Pläne sind, haben die *Identitären* zuletzt mit dem Kauf eines Hauses in der Adam-Kuckhoff-Straße in Halle bewiesen. 2016 konnte über den AfD-Landtagsabgeordneten in Hessen Andreas Lichert das Gebäude nahe der Universität dank fremder Hilfestellung für 330 000 Euro erworben werden. Das vierstöckige Gebäude dient der IB als politisches Zentrum, in dem Vorträge und Partys stattfinden. Im Januar 2019 referierte dort ein studierter Landwirt vor einem kleinen Kreis junger Zuhörer über »solidarische Landwirtschaft«, ein zweiter Referent berichtete vom Leben auf einem Selbstversorgerhof, wie im Netz nachzulesen ist. Ausgeklungen sei der Abend »bei selbstgemachter Leberwurst und Hirschpastete«.

Aus Russland stammt eine weitere Landnahme-Idee mit ganz ähnlicher Intention. »Wir brauchen ganze *Anastasia*-Dörfer, mit eigenen Schulen, eigenen Gesetzen«, fordert ein Schweizer Anhänger des neuen Kultes. Bei einem Meeting *Anastasia*-Gläubiger auf einem Bauernhof im Kanton Solothurn ging es 2016 um den Aufbau sogenannter Familienlandsitze in der Schweiz. Es war ein Treffen im Verborgenen, über das die Wochenzeitung »WOZ« später berichtete. In Deutschland soll es bereits 12 *Anastasia*-Gruppen geben, die sich unter unterschiedlichen Namen vernetzt haben. Mindestens zwei, *Goldenes Grabow* aus Brandenburg und *Weda Elysia* aus Sachsen-Anhalt, verfügen über Kontakte ins völkische Lager.

»Die *Anastasia*-Bewegung ist heute die größte sektiererische Bewegung, die jemals im russischen Raum entstanden ist«, warnt das kritische Informationsportal »Religio« aus Thüringen. Entstanden ist demnach eine Glaubenslehre, die ein Sammelsurium aus Elementen des Neuheidentums, der Ufologie oder der Theosophie darstellt. Leitidee von *Anastasia* ist die Gründung von Familienlandsitzen, die wie folgt aufzubauen sind: Mann, Frau und Kinder erhalten einen Hektar Land, dort leben die Familien im Einklang mit der Natur und den Ahnen und versorgen sich selbst. Die Schweizer Fachstelle für Sektenfragen, Infosekta, ordnet die *Anastasia*-Bewegung im rechtsesoterischen Spektrum ein und warnt, dass dort krude Theorien über eine jüdische Weltverschwörung verbreitet würden. Benannt ist der neue Kult nach der Hauptfigur des 1996 erschienenen Buches »Anastasia – Tochter der Taiga«, einer insgesamt zehnbändigen Romanreihe. Die Bücher wären angeblich in 23 Sprachen übersetzt und mehr als elf Millionen Mal verkauft worden, behauptet Autor Wladimir Megre auf seiner Website.

Der russische Unternehmer, 1950 als Wladimir Pusakow in der Ukraine geboren, will 1994 der sagenhaften Anastasia begegnet sein, als er mit einem seiner Handelsschiffe den sibirischen Fluss Ob entlangfuhr. Die junge Einsiedlerin mit dem wallenden blonden Haar soll Nachkommin eines geistig hochentwickelten Volkes mit uralten Wurzeln und speziellen spirituellen Fähigkeiten sein. Sie könne hellsehen, heilen und mit Tieren sprechen. »Sie war und ist seine Inspiration und geistige Quelle zahlreicher Bücher«, heißt es auf der Webseite des *Freundeskreises Anastasia*. In Russland sollen mittlerweile *Anastasia*-Vereine bestehen, »die sich in Bereichen des Umweltschutzes, der Pflanzenzucht, der Nutzung von Heilpflanzen und der Kindererziehung engagieren«, wird geschwärmt. Laut Megre gibt die Romanfigur ihren Anhängern nicht nur Richtlinien für ihre Lebensweise vor, in der vieles wie früher gemacht wird. Sie beschreibt auch, wie die sogenannten Familienlandsitze auszusehen haben: Dazu gehören der Bau eines »lebenden Zauns«, Wald, ein Ringwall und ein Teich. Die Bücher mit ihren esoterischen Fabelwelten und kruden Weisheiten werden für immer mehr Menschen zum Lebenselixier. 2006 soll Megre seine Gefolgschaft dazu aufgerufen haben, die Regierungspartei *Einheitliches Russland* von Wladimir Putin zu unterstützen, berichtet »Religio«. Tatsächlich entpuppt sich auch die deutsche Szene als besonders Putin-freundlich.

In Sachsen-Anhalt bittet Maik Meinhard Schulz per Facebook um Unterstützung für ein *Anastasia*-Projekt: »Liebe Förderer unserer deutschen Kultur und des regionalen Miteinander, wir brauchen Eure helfenden Hände beim Aufbau des kulturellen Zentrums hier bei uns im Harz.« Hinter dem Projekt »Haus Lindenquell« in Wienrode, welches ein »Ort des Frohsinns« werden soll, verbirgt sich die Idee der Familienlandsitze. Die Gruppe, die sich in diesem Ortsteil von Blankenburg zusammengefunden hat, nennt sich *Weda Elysia*. Weda steht im Nordischen für Weisheit, Elysia heißt im Griechischen so viel wie Ort der Seligen. Schulz verbreitet bei Facebook auch nebulöse Aufforderungen von »Familienlandsitze.org«. In einer ist von »Selbstermächtigung durch Selbstversorgung« die Rede. *Weda Elysia* gibt an, an den »Kraftorten unserer Ahnen« wirken zu wollen. Fleisch zu essen, ist in der geplanten Siedlung untersagt. Der »freie Baumeister« trägt Stirnband zum langen Haar, seine Frau bunte Dirndl. Mit Verkaufsständen sind *Weda-Elysia*-Anhänger unterwegs und verkaufen Harzer Naturseifen, Bienenwachskerzen und Imkerhonig. Im Angebot sind natürlich auch die Bücher über »Anastasia«.

Im Februar 2019 bietet eine *Weda-Elysia*-Akademie ein Grundlagenseminar für »Landsitzgestalter« an, die einen eigenen »Stammlandsitz« innerhalb einer Familienlandsitz-Siedlung aufbauen möchten. Zu den Themen des Seminars zählt auch die Frage, »wie Brauchtum und kulturelles Leben die Gemeinschaft fördern«. Außerdem geht es um die »Partnerschaft von Mann und Weib als Grundlagen der Stammesgründung«. Vier Tage kosten 250 Euro pro Person, für die ganze Familie 450 Euro. Bei YouTube hat die umtriebige *Anastasia*-Anhängerschaft aus Sachsen-Anhalt 429 Abonnenten. Denen wird vorgeschlagen, sich Film-Clips mit IB-Kader Martin Sellner und der Anti-Gender-Aktivistin Birgit Kelle anzuschauen. Ein Film mit dem Titel »Eva Herman packt aus« wird ebenso empfohlen. Herman war lange als Tagesschau-Sprecherin und Moderatorin beim Norddeutschen Rundfunk tätig, heute bewegt sie sich im rechten und Reichsbürger-Milieu.

Das »Haus Lindenquell« in der ehemaligen Dorfschänke mitten im Harzort Wienrode wird seit Mai 2018 von der *Weda Elysia Heimatland-Stiftung* getragen. Zum festen Angebot von *Weda Elysia* zählen auch Volkstanz-Seminare. Das unterscheidet die Visionäre mit esoterischem Rechtsdrall von alternativen Ökodörfern und Kommunen auf dem Land. Beim Volkstanz fühle er die »tiefen UR-Sinne und eine UR-Freude, von denen unsere Ahnen noch Ahnung hatten«, schreibt Maik Schulz bei Facebook. Harmonische Korrespondenz führt der Mann aus Wienrode auch mit Ivo von Osforthe, einem der Mühlenbesitzer aus Memleben. Man kennt sich eben, so weit liegen die Anwesen nicht auseinander. Auf Nachfragen zu ihrem Selbstverständnis erklärt der Vorstand von *Weda Elysia*: »Unser Projekt hat eine klare Ausrichtung, welche wir auf unserer Website beschreiben. Wir werben nicht für die »Anastasia«-Bücher, sondern schreiben über die »Anastasia«-Bücher. In diesem Zusammenhang weisen wir auf folgendes hin – Zitat unserer Website: ›Bitte prüfe selbst, wie stimmig Dir diese Informationen erscheinen und nutze sie nur aus Deinem freien Willen heraus‹.« Und zu den Fragen nach Kontakten ins weit rechte Spektrum hinein schreibt der Vorstand: »Solange in fremdbestimmten Mediengruppierungen einseitig berichtet, Aussagen verdreht, aus dem Zusammenhang gerissen und dann in einen diskriminierenden Kontext eingebettet werden, antworten wir auf keine solcher Fragen.« Neue »Anfragen von allen Gruppierungen, für die Sie berichten, verbitten wir uns hiermit ebenfalls«, schiebt der Vorstand nach.

2014 feierten die deutschen *Anastasia*-Anhänger ihr Jahrestreffen auf Burg Ludwigstein in Hessen, dem Zentrum von Jugendbewegung und Bünden. 2015 dann fand ein »*Anastasia*-Festival« im brandenburgischen Grabow im Landkreis Ostprignitz-Ruppin auf dem Gelände von Markus Krause statt. Krause und

Maik Schulz aus Wienrode bei der Anreise zur »Tell«-Aufführung in Bischofswerda

seine Ehefrau Iris wollen eigenen Angaben zufolge 2011 in der *Anastasia*-Bewegung »ihren Schlüssel« für das Leben gefunden haben. Bereits als junger Mann hatte Markus Krause gegenüber einer Regionalzeitung gesagt: »Es muss mehr getan werden, um Menschen Wurzeln zu vermitteln, die nach 1945 damaligen Generationen abgeschnitten wurden.« Das TV-Magazin des RBB »Kontraste« berichtet im April 2019 über die »Siedler-Bewegung *Anastasia*« und deren Vorhaben, auch in Grabow bei Blumenthal Gleichgesinnte um sich zu scharen. »Wir sind uns einig, dass unser Dorf frei bleibt von illegalen Einwanderern, die derzeit unser Land überfluten«, erklärte Iris Krause in einem selbstgedrehten Filmclip von 2015 namens »Erwachende Prignitz«, den »Kontraste« zeigt. Das Video kursierte bereits bei YouTube. Markus Krause, sechs Jahre lang Ortsvorsteher in seinem Heimatort, berief demnach eine Bürgerversammlung ein, auf der er erklärte: »Sollten uns unsere Politiker, Beamten, Soldaten nicht mehr dienen wollen, bauen wir kleine Strukturen auf.« Seine Frau wird im Film noch deutlicher: »Im Falle eines Falles« solle eine »Dorfwehr« gebildet werden. Es gehe jetzt darum, sich für Heimat, Selbstbestimmung und den Schutz der Grenzen einzusetzen. Andernfalls »lassen wir uns verdrängen, ersetzen – lassen wir Gesetzlosigkeit, Chaos, den Verlust unserer Heimat, unserer Kultur und Identität geschehen!«. »Kontraste«-Autor Silvio Duwe hatte sich zwei Jahre lang undercover in der deutschen *Anastasia*-Anhängerschaft bewegt. Er erlebte in Grabow Verschwörungstheorien und Antisemitismus. Zu den Vorwürfen äußern wollte sich Iris Krause gegenüber dem RBB nicht.

2014 war mit einem »Landfreikauf« das »Dorferneuerungsprojekt Goldenes Grabow« nach den Erkenntnissen der Wedrussin Anastasia ins Leben gerufen worden. Am »*Anastasia*-Festival« auf dem Anwesen der Krauses in Brandenburg nahmen ein Jahr später auffällig viele Völkische teil. Zum Höhepunkt der Festspiele trat die »Hohenloher Danzmusi« mit Sonnhild und Diethard auf. Sonnhild Sawallisch ist die Tochter der langjährigen Vorsitzenden der *Ludendorff-Gemeinschaft*. Die junge Frau war organisatorisch und als Rednerin auf der Bühne an dem rechtsextremen Anti-Asyl-Bündnis »Hohenlohe wacht auf!« beteiligt. Zugang zu den *Ludendorffern* hat auch der mecklenburgische Schafhalter Gunter Freytag, der in Grabow bei den *Anastasia*-Leuten über die »Solidarische Landwirtschaft im Rostocker Land« berichten sollte. Mit dabei war zudem Gerhild Drescher aus Bad Bevensen. Fotos zeigen die Musiklehrerin aus der Lüneburger Heide. Sie wird mit »Tänze, Lieder, Marktstand« angekündigt. 2017 initiierte Drescher gemeinsam mit »Felix dem Glücklichen« einen Workshop beim »*Anastasia*-Festival« in Thüringen. Dem RBB-Journalisten Silvio Duwe zufolge wurde dabei ein eigens neu gedichteter Text der deutschen Nationalhymne vorgestellt. In der zweiten Strophe heißt es unter anderem: »Einst geblendet, tief gespalten. Und besetzt von fremder Macht. Auferstanden dank des Alten, aufgebaut und aufgewacht.«

Drescher stammt aus der nationalistischen Jugendbewegung, sie bewegt sich inzwischen offen im rechtsextremen Lager. So beteiligte sich die selbstständige Pädagogin im Herbst 2018 an einer Demonstration für die inhaftierte Holocaustleugnerin Ursula Haverbeck. Seit Jahren geht sie bei Aktionen der *Identitären Bewegung* mit auf die Straße.

Schließlich wurde für das Samstagprogramm des »*Anastasia*-Festivals« 2015 in Brandenburg auch »Ivo der Vagabund, Barde, Zeitreisender« angekündigt. Fotos auf der Homepage zeigen ihn dort auf der Bühne. Auch Maik Schulz von *Weda Elysia* aus dem Ostharz ist zu sehen, er gehört wie die Initiatoren von »Goldenes Grabow« zum *Anastasia*-Siedlungsgründerkreis.

Nur wenige Wochen nach dem rechten Eso-Spektakel tummeln sich dann Kinder und Jugendliche des *Sturmvogel – Deutscher Jugendbund* auf dem Gelände in Grabow. Sie führen ihr einwöchiges Sommerlager auf dem Gelände der *Anastasia*-Anhängerschaft durch. Hier geht es nicht um die Anwerbung neuer Sympathisanten, sondern um ideologische und körperliche Erziehung des völkischen Nachwuchses. Milieu- und gruppenübergreifend werden Waldstücke, Wiesen oder Anwesen bundesweit für diverse Zwecke zur Verfügung gestellt. Eigentum bietet Sicherheit. Nachbarn betrachten das Treiben wie in Grabow als Privatangelegenheit, mischen sich selten ein. So stehen die jungen Mädchen und Jungen in ihrer grün-schwarzen Uniform eine Stunde lang beim »Fahnenappell« an diesem frühen Sonntagmorgen 2016 still, singen mit ihren Anführern bündische und volkstümliche Lieder, horchen den Ansprachen zu, bevor es dann zu »Frühsport« und »Arbeitseinsatz« weitergeht. Ein kleiner Junge bricht am Ende der Zeremonie zusammen, er wird auf den Boden gelegt, bis es ihm wieder besser geht.

Stadt, Land, Rechts

Konzepte und Projekte der völkischen Landnahme

»schoener.wohnen@« so beginnt harmlos die Adresse bei einem deutschen E-Maildienst. Sie wird vom »Groß Kramser Blättchen – Infoblatt für unsere Gemeinde« als Kontakt benannt. Für eine »solidarische Dorfgemeinschaft« in einem »lebenswerten Dorf« möchten sich die Blatt-Herausgeber einsetzen, ist zu erfahren. »Ein Dorf mit Herz – gegen Ausgrenzung und Hetze!«. Im Kleinen wolle man in der 180-Seelengemeinde Groß Krams im Westen Mecklenburgs Großes bewirken. Mit einer »Dorf-Stube« soll den Plänen zufolge ein »Wir-Gefühl« geschaffen werden. Historische Bilder, Dokumente und Anekdoten der Bewohner, ausgestellt in einem heimeligen Raum, könnten dazu beitragen, die Bewohner neu zu verbinden und »Gästen das Dorf näher zu bringen«, lautet eine der Ideen. Die »gepflegten Gemeinderäume« könnten dann »Möglichkeiten für weitere Aktivitäten« bieten, wie etwa ein Seminar zur »effektiven Selbstverteidigung«. Der Sportverein solle neu belebt, die Feuerwehr aufgerüstet werden. Als »Sofort-Initiative« schlagen die Initiatoren vor, ein »Begrüßungsgeld für Neugeborene« einzuführen. Einen Plan für die Finanzierung all dieser Vorschläge gibt es auch: eine »freiwillige Abgabe« der sitzungsbezogenen Aufwandsentschädigung der Bürgermeister und Gemeindevertreter, die in einen »frei verwalteten Gemeindetopf« einfließt. Ein entsprechender Antrag sei schon in der Gemeindevertretung Groß Krams, Amt Hagenow-Land, eingebracht worden. Außerdem wird angeregt, über einen zu gründenden Dorfverein nachzudenken, in den die Mitglieder regelmäßig einzahlen.

Wer sind diese scheinbar wohlmeinenden Aktivisten, die anpacken und das Dorf neu beleben wollen? Es sind bekannte Akteure aus dem politischen Spektrum von ganz weit rechts.

Ragnar Böhm und Sebastian Richter leben schon etwas länger in der sogenannten Griese Gegend östlich der Elbe. Seit dem 26. Mai 2019 sitzen die beiden Männer in der Gemeindevertretung von Groß Krams. Vor 13 Jahren noch wollte sich der aus Schleswig-Holstein stammende Böhm von dem kleinen Haus im Landkreis Ludwigslust-Parchim trennen, heute wohnt er darin. 2006 annoncierte er die Immobilie in der NPD-nahen »Deutschen Stimme«, versehen mit dem kleinen Zusatz: »Nat. Familien sind vor Ort (Mecklenburg)«. Im Verkaufsgespräch warb Böhm damit, dass der NPD-Landesvorsitzende, Stefan Köster, nur »eine Viertelstunde entfernt« wohne und man durchaus eine Fahrgemeinschaft mit anderen Nationalisten bilden könne. Wenige Jahre zuvor hatten sich etwa zehn Familien aus dem politischen Spektrum von NPD, *Wiking-Jugend* und *Heimattreue Deutsche Jugend* in der Region niedergelassen. Sie gründeten ein NPD-Parteibüro in Lübtheen, infiltrierten Schulen, Kindergärten und Vereine. Dank einer nachhaltigen, nationalen »Graswurzelarbeit« im politischen, kulturellen und sozialen Bereich gelang es ihnen, sich vor Ort zu etablieren. Groß Krams zählte zu den Gemeinden in Mecklenburg-Vorpommern, die bereits 2014 bundesweit als überdurchschnittlich NPD-freundlich auffielen. 17,6 Prozent der Einwohner votierten bei der Kommunalwahl 2014 für diese Partei.

Das Haus der Böhms im Ort diente zunächst als Unterkunft für Wahlhelfer der Rechtsextremen, dann zog die Familie ein. Nebenan bauten die Eltern von Ragnar Böhm sich ein eigenes Haus, sie hatten zuvor einen Pony-Ferienhof, den »Thulehof«, bei Garding in Nordfriesland betrieben. Der Vater gehörte Ende der 1970er Jahre der militanten Husumer Neonazi-Gruppe *Werwolf Deutsches Reich* an. Ragnar Böhms Schwester war Bundesmädelführerin in der nach dem Vorbild der *Hitlerjugend* aktiven *Heimattreuen Deutschen Jugend.* Böhm selbst hatte vor seinem Umzug nach Mecklenburg in Lägerdorf bei Itzehoe den Szeneshop »Böhm Streetwear« betrieben. 2015 beteiligte sich der heutige Gemeindevertreter von Groß Krams an einem »Kinderfest« mit Sonnenwendfeier des Rechtsextremisten Sven Krüger in Jamel bei Grevesmühlen, im September 2019 besuchte er ein Erntedankfest der NPD im niedersächsischen Eschede.

Der zweite parteilose, neue Gemeindevertreter Sebastian Richter erwarb erst Ende 2018 ein eigenes Haus im Ort. Richter war von 2014 bis Anfang 2018 Bundesvorsitzender der *Jungen Nationaldemokraten* (JN), unter seiner Führung wurde die Jugendorganisation neu ausgerichtet. Der ehemalige NPD-Vorsitzende Holger Apfel bestätigt in seinem Buch »Irrtum NPD« Richters Ruf als Hardliner. Apfel erinnert sich an die JN als »völkische Sekte«. Demnach ging der »Fanatismus« damals soweit, »dass Teilnehmer beim Morgenappell vom laut schreienden, die Formation abschreitenden, JN-«Fahrtenwart« in Achtungshaltung gestellt wurden. In einer Presseerklärung der NPD-Jugendorganisation nach Richters Wahl hieß es, »bedingungslos« sei »ein Leitbild« zu verfolgen, »welches sich an Geschichte, Genetik und Schicksal unseres Volkes ausrichtet«. Und weiter: »Nach außen reichen wir jedem jungen Deutschen die Hand, um aus ihm ein vollwertiges Mitglied im Ringen um die Freiheit und Selbstbestimmung unseres Volkes zu machen.«

In dem Milieu zwischen NPD und Freien Kameradschaften etablierte sich der 1982 in Hoyerswerda geborene Richter als einer der Scharfmacher und Strategen. Im Landtagswahlkampf 2014 warb die JN mit dem Slogan »Bürgerschutz selbst organisieren«, Holzknüppel wurden an Wähler verteilt. Diese seien nicht dafür da, »um Jagd auf Asylanten« zu machen, sagte Richter in einem Werbevideo der NPD-Jugend, wies aber darauf hin, dass jeder Deutsche die Möglichkeit habe, »von seinem Notwehrrecht Gebrauch zu machen«. Im Urteil des Bundesverfassungsgerichtes in Karlsruhe gegen ein Verbot der NPD wird Sebastian Richter belastend zitiert. Jahrelang tauchte sein Name in Jahresberichten der Verfassungsschutzämter auf. Den Wahlkampf im Mai 2019 um das Amt zum Gemeindevertreter von Groß Krams bestritt der Neubürger vor allem mit eigenen

Flyern. Er beschrieb sich darin als »jung & engagiert, tatkräftig & kreativ, traditionsbewusst« und suchte beim Verteilen an den Haustüren den Kontakt zu Einwohnern, die er für Sympathisanten hielt.

Ganz lässig präsentierte sich Sebastian Richter zwei Jahre zuvor, mit rotem T-Shirt und schwarzer Zunfthose vor einen Traktor stehend, auf dem Cover der JN-Zeitung »Der Aktivist«, Ausgabe Nr. 1 aus dem Jahr 2016. Titelthema: »Neue Siedler? Wenn der ›Nazi‹ mit dem Trecker kommt«. Damals versprach die JN-Bundesführung »die Thematik ›Siedeln‹ wieder bewusster aufzugreifen«. In Anspielung auf »linke« Siedlungsprojekte im Wendland hieß es: »Was das Wendland für die antideutschen Internationalisten ist, kann Mecklenburg oder Pommern für volkstreue Menschen sein bzw. werden!«. 2018 erreichte Richter mit 12,98 Prozent, gleich nach dem Bürgermeister Tobias Alwardt, das zweitbeste Ergebnis bei der Kommunalwahl. 7,72 Prozent erzielte Einzelbewerber Böhm, heißt es stolz im »Groß Kramser Blättchen«, in einer Auflage von 100 Exemplaren verteilt.

Routiniert konzentriert sich Sebastian Richter auf die kulturelle Expansion im kommunalpolitischen Raum. Bei der JN waren Siedlungsidee und Hegemonialanspruch schon lange Teil der offiziellen Strategie. In ihrer Zeitung »Der Aktivist« aus dem Jahr 2012 wurden nationale Objekte »als Knotenpunkte unserer Agitation« benannt. Durch den Erwerb von Immobilien sollen »nationale Infrastrukturen« im ganzen Land geschaffen werden, denn »dadurch erweitern wir unsere politische Schlagkraft und besetzen wichtige Räume. Nationale Zentren sind der ideale Ausgangspunkt für politische Graswurzelarbeit in reinster Form.« Es gehe »um politische Dominanz«, sagte bereits sein Vorgänger im Amt des Bundesvorsitzenden beim JN-Bundeskongress 2012. Das Ziel ist, ein nationales »Milieu« zu schaffen. In Teilen Mecklenburg-Vorpommerns scheint es gelungen. Auch wenn der NPD bei der Landtagswahl 2016 der dritte Einzug in Folge in den

Schweriner Landtag nicht mehr gelang, so besteht die nationale Verwurzelung an vielen Orten weiterhin. Gerade dort wo Rechte eine völkische Lebensart pflegen.

Auf der anderen Seite der Elbe findet sich in Niedersachsen ein anderes Zentrum von Ansiedelungen weit rechter Familien. In der Lüneburger Heide bilden nicht erst seit gestern diese Familienbünde kleine Inseln des »Deutschtums«. In den Landkreisen Lüneburg und Uelzen sind sie aktiv. Weitere junge Familien der Szene suchen gerade nach Häusern und Höfen. »Die haben die Rübenburg im Nachbardorf gekauft«, erzählen Einheimische über den Erwerb eines alten Gutshauses hinter vorgehaltener Hand. Eltern berichten, dass Kinder dieser Familien in den Schulen Stimmung gegen Geflüchtete machen oder Mädchen, trotz Aufforderung, zu bestimmten Schulprojekten bitte in Hosen zu erscheinen, doch die Wollröcke nicht ablegen. Hitzige Diskussionen über einen Waldorflehrer im Raum Lüneburg mit AfD-Parteibuch werden vor allem intern ausgetragen. Doch hinter den Mauern brodelt es in der Heide. Von »uniformierten Kinderlagern« war die Rede, von Sonnenwendfeiern und Volkstumsritualen mit Gesängen, die an die Nazi-Zeit erinnerten. Da die Angehörigen der kinderreichen »Sippenverbände« verstreut leben, ist längst ein undurchsichtiges Dickicht an Verbindungen entstanden. In Toppenstedt in der Nordheide führt die »Sippe Berg« ein Versandantiquariat mit rechter Literatur und pflegt mit Gleichgesinnten Brauchtum. Gäste einer »Eheleite« zogen in auffälliger Kleidung prozessionsartig durch den Ort in Richtung eines abgelegenen Buchenhains. Wenige Kilometer weiter treffen sich rechtsbündische *Fahrende Gesellen* und der *Deutsche Mädelwanderbund* in ihrem »Landheim Marxen« im Landkreis Harburg zu Sommerlagern und Fahrten.

Der touristische Heideshuttle fährt bis nach Seevetal im Landkreis Harburg, dort lebt der Landschaftsarchitekt Wolfram Schiedewitz. Er leitet den rechtsextremen Verein *Gedächtnisstätte,* vor dessen Veranstaltungen in Thüringen immer wieder wegen antisemitischer und rassistischer Inhalte gewarnt wird. Bei den Solidaritätsdemonstrationen für die inhaftierte Holocaustleugnerin Ursula Haverbeck im Jahr 2018 waren Schiedewitz als auch Völkische aus dem Landkreis Uelzen dabei. Haverbeck führte anfänglich den Verein, in ihrem Sinne geht die kulturelle Arbeit weiter. Man kennt sich über die Heide hinaus bestens – ist eng vernetzt, feiert und schult sich gemeinsam.

»Wir sind nicht mit Springerstiefeln in den Plenarsaal gekommen, sondern kamen als ganz normale Fraktion«, erklärte die Landtagsfraktionsvorsitzende Dana Guth im Verlauf eines ganz speziellen Geburtstagsfestes. Im Oktober 2018 feierte die *Alternative für Deutschland* (AfD) im Portikussaal des Parlamentsgebäudes in Hannover mit 300 geladenen Gästen das einjährige Bestehen ihrer Fraktion. Guth erwähnte dabei nicht, dass Rechtsextremisten aus völkischen Sippen zu ihrer Partei kommen, die zwar keine Springerstiefel tragen, aber durch Tracht und festes Schuhwerk auffallen. Die Partei gibt sich nach außen hin als ein moderner »gäriger Haufen«, wie Bundessprecher Alexander Gauland gern sagt, bunt zusammengewürfelt. 2013 gegründet, verfügte die AfD zunächst über 5000 Mitglieder, sieben Wochen später waren es bereits 10 000, 2019 stieg dann die Zahl auf mehr als 35 000. Sechs Millionen Wähler votierten bei der Bundestagswahl für die junge Rechts-Partei, deren Politik von einer Grundhaltung geprägt ist: Deutsche zuerst. Allerdings sind nicht alle Deutschen gemeint, sondern nur die, die deutscher »Abstammung« sind. Der einflussreiche völkische »Flügel« der Partei hebt den »Nationalcharakter« besonders hervor, damit die »deutsche Seele zum Ausdruck« komme. Dieser »deutschen Seele« entspräche auch ein klares Rollenmodel für Frauen: wieder zurück an Heim und Herd. Die *Alternative für Deutschland* ist mit ihrer reaktionären Politik en vogue.

Der Kulturkampf von rechts verbindet alte Sippen und junge Siedler mit der AfD. Die Partei bietet vielen nicht nur eine politische Heimat, sondern scheinbar auch finanzielles Auskommen. Beim Galaempfang in Hannover bot eine junge Frau vom Lande zwischen all den Männern in Anzügen ein strahlendes Bild. Als leibhaftiges Ideal einer deutschen Frau, gekleidet im bodenlangen Dirndl mit weißer Rüschenbluse und langer Schürze, stand sie bereitwillig lächelnd für Fotos zur Verfügung. Kameras blitzten. Ältere Männer stellten sich neben sie vor eine knallblaue Plakatwand, auf der stand: »Besser für Niedersachsen«. Mit einem Videoclip bei YouTube feierte sich die Fraktion anschließend öffentlich. Welche Aufgabe genau die Mitarbeiterin im Landtag wahrnimmt, ist unklar. Informationen zu ihren Angestellten gibt die AfD-Fraktion ungern preis. Auf Anfragen danach reagiert sie 2019 nicht. Kaum verwunderlich, AfD-Mitarbeiter mit rechtsextremistischem Hintergrund in Bundes- und Landesparlamenten sind alltäglich, passen aber nicht ins öffentliche Bild. Eine Recherche der »tageszeitung« und des antifaschistischen Magazins »Der Rechte Rand« offenbarte 2018, dass allein 109 Verbindungen zwischen Mitarbeitern und Abgeordneten der AfD-Bundestagfraktion zur extremen Rechten bestehen. Längst wurden Abgrenzungsbeschlüsse etwa zur *Identitären Bewegung* als Makulatur enttarnt.

Die Mitarbeiterin in der Fraktion in Hannover kam von der *Identitären Bewegung* zur AfD, wie sich herausstellte. 2016 trat sie mit ihrer Schwester und einer Gruppe norddeutscher Identitärer bei einer »Kulturaktion« an den Hamburger Landungsbrücken mit plattdeutscher Volksmusik und Tanz in Trachten auf. Zuvor waren die beiden schon in einem Werbefilm der *Heimattreuen Deutschen Jugend* zu sehen gewesen, als sie Ende 2006 an einem Bundeswinterlager teilnahmen: In Eiseskälte stehen sie zwischen uniformierten HDJ-Mädels stramm. Die HDJ wurde keine drei Jahre später wegen ihrer Wesensverwandtschaft mit dem Nationalsozialismus verboten. Aussteigerin Heidrun Benneckenstein, selbst in einer nationalistischen Familie aufgewachsen, sagt zur HDJ: »Das sind halt leider keine Pfadfinder, sondern es ist ein ganz elitärer Haufen.« Äußerste Unterordnung, Arroganz gegen Außenstehende und Opferbereitschaft für die politische Sache seien Merkmale der Erziehungsarbeit gewesen.

Der betont antimoderne Kleidungsstil in diesen Familien spiegelt eine politische Haltung wider, die vermeintlich traditionelle Werte deutlich zum Ausdruck bringen soll: Weiblichkeit und deutsche Wurzeln. Trachten und Dirndl erinnern Außenstehende ans Münchener Oktoberfest oder an Konzerte des österreichischen Volksmusik-Sängers Andreas Gabalier. Doch dahinter verbirgt sich das elitäre Bewusstsein, zu einer nationalistischen Avantgarde zu gehören.

Hunderte rechte Familienbünde bundesweit pflegen engen Austausch, aber teilweise auch heftige Aversionen untereinander. Hierarchien und Konkurrenz bringen die Szene immer wieder in Wallungen. Interne Querelen führen zu Abspaltungen und Neugründungen von Gruppen, rechten Bünden oder Volkstanzkreisen. Diese verzweigt lebenden »Sippen« führen untereinander sogenannte Freundeskreise, in denen Volkstanz, Wanderungen, heidnische Bräuche, gemeinsame Gesänge stattfinden und politische Vorträge ausgerichtet werden. Reihum arbeiten Mitglieder diese aus und referieren vor den anderen. Daneben gibt es Spielkreise für die Kleinen sowie zusätzlich Frauen- und Männertreffen mit »Arbeitsdiensten«. Die Männer gehen auf Jagd oder fällen gemeinsam Holz. Nicht alle Familienmitglieder beteiligen sich gleichermaßen politisch, manche ziehen sich eher etwas zurück. Gegenüber Außenstehenden wird geschwiegen.

Unbemerkt sickern diese Kreise in die ländlichen Strukturen ein. Sie offerieren Interessierten eine Welt ohne Alternativen, mit klaren Vorgaben, wie Mann und Frau sich zu verhalten haben, welche Lieder gesungen und welche Dichter gelesen werden. Bei aller Unauffälligkeit hinterlassen die »Sippen« dennoch Spuren – und gehen gegen Kritiker vor. Sie wollen nicht von Nachbarn, Lehrern und Eltern oder Journalisten in der Öffentlichkeit hinterfragt werden, nichts über sich in Medien oder Büchern lesen.

Das Erstarken völkischer Familien im Landkreis Uelzen bereitet den Menschen vor Ort Sorge. Im Herbst 2018 gründen direkt oder indirekt betroffene Anwohner die *Gruppe beherzt.* Sie setzt sich ein für bunte Vielfalt und Toleranz in den Dörfern sowie für den Erhalt der freiheitlichen Demokratie mit ihren Grundwerten. Die Mitglieder wollen nicht zulassen, dass rückwärtsgewandte Weltsichten unbemerkt und unwidersprochen Einfluss gewinnen und sich durch den Zuzug weiterer Familien ausbreiten. »Es gab immer mehr Vorfälle und Schilderungen von rechtem Gedankengut«, sagt Martin Raabe, Sprecher der etwa 200 Mitglieder starken Gruppe. Der Zuzug einiger Familien wurde durch Neuanmeldung in Kindergärten und Schulen auffällig. Aufmerksame Nachbarn bemerkten den Aufkauf von leerstehenden Höfen und Anwesen. »Wir hatten dann zunächst eine ziemliche Ratlosigkeit festgestellt«, sagt Martin Raabe weiter. »Uns wurde schnell klar, dass wir für Aufklärung sorgen müssen. Dass wir in die dunklen Ecken leuchten müssen, um die Vernetzung dieser Gruppierungen deutlich zu machen.« Ihre Haltung machen Mitglieder der Gruppe mit pink-gelben Holzkreuzen vor ihren Häusern deutlich, mit der Botschaft »Kreuz ohne Haken – fUEr Vielfalt«. (UE ist das Autokennzeichen für den Landkreis Uelzen). Die zahlreichen Veranstaltungen zur Aufklärung blieben nicht ohne Folgen. Der Ton der Völkischen veränderte sich. »Interessant finde ich, wie abgestimmt die Szene agiert. Am Anfang steht die freundliche Nachbarschaft. ›Lasst uns doch mal miteinander reden!‹ Dahinter steckt aber Verheimlichung und Verharmlosung! Wenn das nicht gelingt, wird geklagt«, sagt Heiner Scholing, Mitglied der Gruppe. Zu deren Strategie gehöre es, so Martin Raabe, sich in der Opferrolle darzustellen, mangelnde Meinungsfreiheit zu beklagen, »und gleichzeitig Demokratie und Toleranz als grundlegende Werte unserer offenen Gesellschaft abzulehnen«. In den aktuellen Auseinandersetzungen erhalte ihre Gruppe jedoch viel Solidarität und weiterhin regen Zulauf, so der Sprecher. Die »Beherzten« vernetzen sich mit zahlreichen Initiativen aus benachbarten Landkreisen, die sich gegen Rechtsextremismus und für Weltoffenheit engagieren, wie zum Beispiel Flüchtlingsinitiativen, Kulturschaffenden und ökologisch arbeitenden Betrieben in ländlichen Regionen.

Ähnliche Erfahrungen macht zur Zeit auch eine kleine Gruppe Engagierter im mecklenburgischen Groß Krams. Die beiden neuen Gemeindevertreter Richter und Böhm bereiten einigen der rund 180 Einwohner Sorgen. »Klar gibt es hier NPD- und AfD-Fans, aber vor allem viele Menschen, die nur ihre Ruhe wollen«, sagt Julia Wurl aus Groß Krams »Früher war im Dorf eine Wahlkampfzentrale der NPD eingerichtet, heute sehen wir Wagen mit AfD-Werbung vor Häusern halten«. Die sich dagegen engagieren wollen, haben es satt, Angst davor haben zu müssen, ausländische Freunde einzuladen. »Das darf nicht sein!«. Sie haben sich die *Gruppe beherzt* aus der Lüneburger Heide zum Vorbild genommen und errichten vor ihren Häusern die ersten bunten »Vielfalt«-Kreuze. Ende September 2019 stellen sie sich zum ersten Mal mit einem Gruppenfoto und dem Landrat in der Regionalzeitung vor. Einige haben bereits Erfahrungen damit machen müssen, dass das im »Kramser Blättchen« propagierte friedliche Miteinander schnell aufhört, wenn kritische Fragen oder Reaktionen aufkommen. Auch stellte Sebastian Richter zeitweilig ein »Kreuz mit Haken« vor seinem Haus auf. In seiner Postille versucht er die engagierte Julia Wurl anzugehen, als »eine im Dorf hin und wieder« anzutreffende Frau, die gegen »Wahlplakate heimattreuer Parteien (AfD und NPD) selbstbekritzelte Plakate« aufhänge. Schon der Verweis »hin und wieder« soll die Ausgrenzung aus der Dorfgemeinschaft markieren – den eigenen Zuzug blenden die Blattherausgeber aus. Rot hervorgehoben sind im Text die Zeilen: »Wir meinen: Auf solche Krawallos aus anderen Städten kann unser Dorf verzichten!« Jeder fünfte in der Gemeinde hat die beiden aus dem rechten Lager gewählt. Die völkische Landnahme schreitet trotz Protestes weiter voran. Nicht nur im Osten.

Engagierte Bürgerinitiativen und antifaschistische Gruppen warnen seit Jahren bundesweit vor Vereinnahmungen von ländlichen Natur-, Heimat- und Schulvereinen durch rechte Kräfte. Allmählich regt sich vielerorts auch Widerstand, so etwa bei Eltern in mehreren niedersächsischen Kindergärten und Schulen. Olaf Meyer ist Sprecher der *Antifaschistischen Aktion Lüneburg/Uelzen*. Nach anfänglicher Zurückhaltung laden ihn immer häufiger betroffene Einrichtungen und Initiativen zu Präventionsgesprächen ein. »Doch dann ist das Kind zumeist schon in den Brunnen gefallen, die Rechten haben sich niedergelassen und Schulen und Kindergärten infiltriert«, sagt Meyer. Er fürchtet »eine Normalisierung rechtsextremer Strukturen«. Auch das Zentrum Demokratische Bildung in Wolfsburg bietet betroffenen Einrichtungen Hilfe an. Mit dem Projekt »Rückenwind« soll gezielt die Kinder- und Jugendhilfe unterstützt werden. Es geht dabei einerseits um die Stärkung von Engagement gegen Rechtsextremismus und andererseits um die Schulung von Fachkräften. Wichtig sei es, »rechtsextreme Erscheinungen in all ihren Facetten zu erkennen und im Berufsalltag professionell darauf reagieren zu können«.

Beobachtungsobjekt des Landesverfassungsschutzes sind die völkischen Netzwerke in der Heide nicht, betont Frank Rasche, Sprecher des Landesinnenministeriums, gegenüber Lokalmedien. Einzelne Personen oder Familien unterliegen keiner Beobachtung, »aber natürlich haben wir sie im Blick«. Doch was nützt es, wenn sich die »Volksgemeinschaft« mit ihren Ausschlussforderungen von allem »Fremden« unter den Augen der Verfassungsschützer ungestört vergrößern kann? In der Region sind um die 60 Paare und einzelne Protagonisten dieses Netzwerkes bekannt, es sind vermutlich weitaus mehr.

Mit »Heimattagen«, Heimatvereinen und -initiativen lockt die rechte Szene bundesweit. Das Berliner Informationsportal »Belltower.News« warnt vor der neuen Strategie, dem »sozialpolitischen Engagement in Heimat-Vereinen«. »Über solche vermeintlichen Heimatvereine läuft der rechte Hegemonialanspruch«, erklärt auch der sächsische Politikwissenschaftler Felix Korsch. »Durch die Verankerung völkischen Brauchtums soll die ganze Familie eingebunden werden.« So gehe es laut »Belltower.News« zum Beispiel bei einem »Heimattag« im erzgebirgischen Lößnitz im Sommer 2019 vordergründig um »Klöppeln, Spinnen, Schnitzen, Drechseln«, also darum, regionale Traditionen zu pflegen. Berührungsängste zu Rechtsextremisten gäbe es nicht. Auch neonazistische Symbole wurden zur Schau getragen. Anfang Juni 2019 zieht der ehemalige NPD-Aktivist Sven Krüger aus Jamel für eine *Wählergemeinschaft Heimat* in das Kommunalparlament der mecklenburgischen Gemeinde Gägelow ein. Mit 281 Stimmen erzielt der berüchtigte Rechtsextreme dort das zweitbeste Ergebnis bei der Kommunalwahl. Hinter der Heimattümelei verbirgt sich der Versuch nationalistischer Gruppen über die Schaffung einer regionalen Identität zunächst die Angst vor »Überfremdung« weiter zu schüren und sich anschließend als akzeptierter Akteur gegen Demokratie und Vielfalt zu etablieren.

»Heimatschutz ist rechts« ist keine neue Parole der NPD, doch sie zieht. Im Landkreis Celle wirkt, wie in der mecklenburgischen Griese Gegend, die klassische NPD-nahe Szene, die ebenfalls völkisches Brauchtum zelebriert. Auf dem Hof des Bauern und NPD-Kandidaten Joachim Nahtz in Eschede begehen die Anhänger der Kameradschaften *Snevern Jungs* und *Düütsche Deerns* Erntedank- und winterliche Feuerfeste. Rechtsrockevents fanden außerdem statt. An der Hauptstraße, von der der lange Schotterweg zum Hof führt, stehen pünktlich zu den rechten Feierlichkeiten bei Wind und Wetter Gegendemonstranten des Bündnisses *Netzwerk Südheide*. Sie bringen warme Getränke und Kaffee mit, plaudern untereinander und wechseln sich an den Transparenten ab. Die Besucher der einschlägigen Volkstumsfeste auf dem NPD-Hof fahren oft mit ganzen Familien an ihnen vorbei. Manchmal drohen Scheitelträger. Die Polizei ist vor Ort, doch Personen- und Fahrzeugkontrollen sind inzwischen selten geworden. »Wegschauen hilft nicht, denn da wo Nazis ungestört sind und ihre Ruhe haben, breiten sie sich aus«, warnt Wilfried Manneke aus Unterlüß, ein Pastor in Rente, der zu den Unermüdlichen zählt. Warnend setzt er nach: »Diese Ruhe müssen wir ihnen nehmen.«

Im kleinen Ort Dorfmark im Heidekreis, nahe der Autobahn A 7, tagt seit mehr als 40 Jahren der *Bund für Gotterkenntnis – Ludendorff*, der spirituell verbrämten Rassismus vertritt. Ein breit aufgestelltes »Bündnis gegen Ludendorffer«, bestehend aus regionalen antifaschistischen Initiativen, Parteien und Gewerkschaften, hält dort unermüdlich Mahnwachen vor dem Tagungslokal »Zur Post« ab – mit Reden und selbstgemachter Musik. Allen ist bekannt, wie konservativ ihre Region ausgerichtet ist, die *Ludendorffer* sind dort seit Jahrzehnten tief verwurzelt. Die Unterbringung aller Teilnehmer dieses naturreligiösen Glaubensbundes stellte bislang kein Problem dar. Eine der Pensionen in der Ferienregion warb in den 1990er Jahren mehrmals in »Nation und Europa«, der ältesten rechtsextremen Zeitschrift, die 2009 vom Verleger Dietmar Munier aufgekauft wurde und in der Zeitschrift »Zuerst« aufging. Bereits 1976 kursierte ein kleiner Katalog mit dem Titel »Urlaub bei Gleichgesinnten« des *Deutschen Reisedienstes – Urlaubsvermittlung volkstreuer Menschen*. Das Angebot reichte vom Gehöft im schleswig-holsteinischen Schwackendorf bis zum Bauernhof in Südtirol. »Und ihre Kinder?« Auf die rhetorische Frage in einer Anzeige des Reiseheftchens kam prompt die Antwort: »Die kommen zu uns. Denn auf Fahrt und Lager lernen sie in Kameradschaft den heutigen Zeitgeist zu überwinden. Ein Platz ist noch leer. Wiking-Jugend e. V.«. Der rechtsextremistische Jugendverband wurde später verboten.

»Völkische Siedler – Schattenwelten auf dem Land« hieß eine Dokumentation, die 2017 für den TV-Kanal ZDF-Info gedreht wurde. Der Freien Journalistin Marijke Engel fiel dabei auf, dass bei harten Fragen an die Protagonisten ein Gespräch abbrechen würde. Sie betont nach den Erfahrungen bei ihren Recherchen: »Die Angehörigen dieser Familien reden meistens nicht mit der Presse, verweigern Antworten auf Fragen.« Das haben sie mit vielen rechten Akteuren gemein, die den Dialog fordern, sich der Kritik aber nicht stellen. Konfrontiert mit ihrem nationalistischen Hintergrund wird der nicht selten abgestritten. »Wie groß ist die Gefahr?« fragte im August 2019 auch der Norddeutsche Rundfunk in einem TV-Beitrag aus Hannover. Boris Pistorius, niedersächsischer Innenminister warnte im Gespräch: »Der völkische Gedanke ist die Grundlage jedes Rechtsextremismus«. Die Ideologie, »der Irrsinn einer arischen Rasse«, wachse »von unten«, so Pistorius und gerade diese »Familienzusammenschlüsse« könnten dazu führen, dass andere Menschen »sich radikalisieren«. Zu lange konnte das rechte Milieu ungestört agieren, nun fühlt es sich gestärkt und im Aufwind.

Die Geschichte der Lüneburger Heide kreuzt sich mit der historischen völkischen Bewegung. Ende des 18. Jahrhunderts wurde die karge Landschaft mit Heidekraut, Wacholderbüschen, Sanddünen und Heidschnuckenherden mitsamt ihrer Bevölkerung von Heimatdichtern entdeckt und verromantisiert. Die Poetisierung der Heide durch konservative Heimatkunst prägte ein Idealbild des Ländlichen. Prominentester Vertreter war der sogenannte Heidedichter Hermann Löns. Der Lönsstein, errichtet auf einer Anhöhe bei Müden an der Örtze, ist heute Pilgerziel nationalistischer Jugendgruppen. Bereits die Nationalsozialisten wollten mit der Rückführung der Gebeine des in Frankreich 1914 Gefallenen in die Lüneburger Heide einen Kultort errichten.

Im Kontext mit dem aufstrebenden Patriotismus des 19. Jahrhunderts führte die Ästhetisierung von Landschaft und Bevölkerung zur Deutung als Kulturlandschaft. Anfang des 20. Jahrhunderts wurden Großsteingräber aus der Bronzezeit als Kulturdenkmäler unter Schutz gestellt. 1909 übernahm der *Verein Naturschutzpark* die Obhut, man wollte Vergangenes bewahren.

Als Pionier des Landschafts- und Naturschutzes nach 1945 galt der umstrittene Hamburger Mäzen Alfred Toepfer, der in seiner Jugend als Wandervogel am »Freideutschen Jugendtag« 1913 auf dem Hohen Meißner teilgenommen hatte. »Toepfer teilte die NS-Volkstumsideologie ganz und gar«, sagte der Historiker Michael Fahlbusch gegenüber der »tageszeitung« während der Auseinandersetzungen um den vermögenden Hamburger Unternehmer 2009. Fahlbusch bescheinigte ihm ein vom Antisemiten Julius Langbehn (1851–1907) geprägtes Weltbild. Für den *Verein Naturschutzpark* ist Toepfer bis heute derjenige, der die »Naturschutzparkidee« maßgeblich verbreitete. Eine in Schneverdingen (Heidekreis) mit staatlicher Unterstützung gegründete Akademie für Naturschutz trägt Alfred Toepfers Namen.

Die Lüneburger Heide ist eine geschichtsträchtige Region – mitsamt nationalsozialistischer Vergangenheit. »Bereits 1932, also noch vor der Machtübernahme Hitlers, wählten rund 60 Prozent der Menschen im Landkreis Uelzen die NSDAP«, erinnert Ortschronist Eckehard Niemann, »das waren fast doppelt so viele wie im Reichsgebiet.« Niemann verweist auf die Besonderheit der landwirtschaftlich geprägten Region, der Einfluss nationalsozialistischer Bauernführer sei frühzeitig groß gewesen. Es habe einen regelrechten »Bauernkult« im Reich gegeben, so Niemann. Weniger begeistert zeigten sich enteignete Landwirte in Bergen, als vor ihrer Haustür 1935 einer der größten Truppenübungsplätze Europas entstand. Aus dem ursprünglichen Lager der Bauarbeiter wurde mit Kriegsbeginn ein Kriegsgefangenenlager im Ortsteil Belsen der Gemeinde Bergen. Im April 1943 übernahm die SS das Lager von der Wehrmacht und baute es zu einem Konzentrationslager aus, das als Durchgangsstation zu den Vernichtungslagern diente. Im April 1945 befreiten britische Truppen die verbliebenen Häftlinge. Bild- und Tondokumente von den menschlichen Skeletten und Leichenbergen gingen um die Welt – und erschütterten. Von insgesamt 120 000 Häftlingen aus fast allen Ländern Europas starben dort mehr als 52 000 Männer, Frauen und Kinder.

Nach 1945 wurde diese ländliche Region zum Ort des Untertauchens von Naziverbrechern. Am 20. März 1946 fand »Otto Heninger«, geboren 1906 in Breslau, Aufnahme als Waldarbeiter in einer Baracke der Försterei Kolenbach bei Altensalzkoth. Hunderte Kilometer Flucht lagen bereits hinter ihm. »Otto Heninger« war die Tarnidentität des weltweit meistgesuchten NS-Verbrechers, des Cheforganisators der millionenfachen Deportationen von Menschen in die Konzentrationslager, Adolf Eichmann. 1950 gelangte Eichmann über die vom Vatikan unterstützte »Rattenlinie« nach Argentinien. Der israelische Geheimdienst Mossad entführte ihn 1960, Eichmann wurde in Israel vor ein Gericht gestellt und 1962 hingerichtet. 1946 aber verbarg er sich in den dichten Tannenwäldern der Lüneburger Heide. Das Empfehlungsschreiben des SS-Offiziers Hans Freiesleben hatte ihn zu dessen Bruder in die Försterei geführt. Die Hamburger Historikerin Bettina Stangneth hat zu Eichmanns Flucht geforscht. Sie weist darauf hin, dass sich damals einige Nazi-Größen in Richtung Norden absetzten. »Alle wollten sich dicht an der Tür positionieren«, sagt Stangneth – entweder in der entlegenen Bergwelt Österreich-Bayerns mit ihren vielen Grenzen oder in der strategisch günstigen Nähe großer Häfen. Einige NS-Größen blieben auch. Der ehemalige Nationalsozialist und SS-Führer Erwin Ettel beispielsweise starb 1971 in Bad Bevensen, in Dorfmark liegt der NS-Verbrecher Generalfeldmarschall Erich von Manstein begraben. NS-Dichter Will Vesper verbrachte seine Tage auf Gut Triangel bei Gifhorn. Er hatte Prosa und Lyrik im Geist der Blut-und-Boden-Ideologie verfasst und empfing nach 1945 einschlägige Gäste auf dem Anwesen.

Adolf Eichmann wurde an seinem einsamen Zufluchtsort nicht behelligt. Als es Anfang 1948 für die Waldarbeiter nichts mehr zu tun gab, erhielt »Heninger« vom örtlichen Wohnungsamt ein Zimmer im nahen Altensalzkoth auf dem Hof einer Familie Lindhorst zugewiesen. Der Vater war in den letzten Tagen des Krieges gefallen, die Mutter und ihre beiden Söhne, 15 und neun

Jahre alt, bewirtschafteten die Äcker und Ställe allein. Hinter dem Haus zimmerte sich der Kriegsverbrecher einen großen Hühnerstall, die Eier lieferte er in die Nachbardörfer, auch überlebende Juden und Polen gehörten zu seinen Kunden. Er radelte zu ihren Notunterkünften, Bergen-Belsen lag nur elf Kilometer entfernt. Was auffiel, so Historikerin Stangneth, war die bürgerliche Herkunft: »Eichmann war einfach nicht wie die Landbevölkerung.« Nach Feierabend spielte der NS-Täter aus dem Reichssicherheitshauptamt vor der Baracke Geige – »klassische Violinstücke von Schubert und Beethoven«.

In der Lüneburger Heide entstand nach 1945 eines der Zentren der »nationalen Bewegung«. Von 1984 bis 1998 konnten Altnazis und junge Rechtsextreme ein weitläufiges Gelände in dem kleinen Ort Hetendorf, nahe Celle nutzen. Fast 14 Jahre war in den Gebäuden von Hetendorf 13 bis zur zwangsweisen Schließung durch niedersächsische Behörden 1998 das größte deutsche rechtsextreme Schulungszentrum untergebracht.

Keine 20 Kilometer entfernt vom ehemaligen Konzentrationslager Bergen-Belsen marschierten jahrelang Anhänger aus den Reihen von *Wiking-Jugend* oder ähnlichen Gruppen auf. Altnazis leugneten auf Tagungen gegenüber der Jugend die Verbrechen der Nationalsozialisten. Hetendorf Nr. 13 funktionierte als wichtiges Bindeglied zwischen den zurückgezogen agierenden Völkischen, NPD und aktivistischen Kameradschaften. Hier ging es nicht um Akzeptanzgewinnung vor Ort, sondern darum, eine Art Wehrhof aufzubauen und zu halten. Die Aktivisten um den damaligen Betreiber Jürgen Rieger schüchterten Anwohner ein und bedrohten Journalisten. Bis in die 1980er Jahre hatte die *Wiking-Jugend* zuvor ihren »Stammsitz« in der Zentralheide, im sogenannten Eichenhof in Töpingen. Das Postfach lag damals in Munster, dem Ort am Rande des großen Truppenübungsplatzes. In der Töpinger Feldmark wurde »volkstreue Jugendarbeit« betrieben. *Wiking-Jugend* und *Artgemeinschaft – Germanische Glaubensgemeinschaft* agierten eng beieinander.

Bis heute steht für den Nachwuchs aus rechten Familien neben Fahrten, Lagern und Leistungsmärschen vor allem deutsches Kulturgut auf dem Programm. Während die Eltern 2018 gemeinsam in Allenbostel im Landkreis Uelzen in den Mai tanzten, versammelten sich Jugendliche, um zum Maiball nach Brandenburg ins Haus des *Bund für Gotterkenntnis – Ludendorff* in Kirchmöser zu fahren. Volkstänze dienen allgemein der Folklore und Gemeinschaftsbildung, aber auch der Abgrenzung zu modernen Gesellschaftstänzen. Ihre politische Instrumentalisierung hat Tradition. So gelten Paartänze, bei denen sich ein Paar engumschlungen um die eigene Achse dreht, als »typisch deutsch«. In den 1920er Jahren breitete sich die Volkstanzbewegung aus. Sie wurde im Nationalsozialismus gleichgeschaltet. Zur praktischen »Volkstumsarbeit« zählten nicht nur Laienspiel und Volksmusik, sondern auch Volkstanz. Zunächst im *Reichsbund für Leibesübungen* angesiedelt, war dann 1937 die NS-Organisation »Kraft durch Freude« mit ihrem Amt »Feierabend« für den Volkstanz zuständig. In der eingeengten, von Hierarchien und Regelwerk bestimmten Welt der Völkischen nach 1945 spielen Tanzgruppen eine wichtige Rolle – bis heute.

Im niedersächsischen Edendorf kamen 2016 Teilnehmer von der *Identitären Bewegung*, NPD und AfD, HDJ, *Sturmvogel*, *Deutscher Mädelwanderbund* und *Ludendorffer*, *Artgemeinschaft* und *Neo-Artamanen* zu solch einem Tanzfest zusammen. Die »tageszeitung« berichtete über die weitreichenden Netzwerke der tanzenden »Nazis in der Scheune« und schreckte Anwohner in den umliegenden Gemeinden auf. »Es gibt hier viele Menschen, die das Treiben dieser Szene sehr genau verfolgen und nicht gleichgültig sind«, sagte Heiner Scholing von den Grünen. So sei auch die Resolution des Bienenbütteler Rates gegen den Edendorfer »Maitanz« zustande gekommen. Die Debatte darum dürfte mit der Anstoß für die später entstehende *Gruppe beherzt* gewesen sein. Nach der Resolution räumte das niedersächsische Landesamt für Verfassungsschutz ein, dass die

Ideologie quasi »vererbt« und die Kinder bereits frühzeitig »indoktriniert« würden.

Mit der Einschätzung: »Hier drohen junge Leute für die Demokratie verloren zu gehen, weil sie sich nur in der Szene bewegen, und das offenbar über mehrere Generationen schon«, lag die damalige Verfassungsschutz-Chefin Maren Brandenburger nicht falsch. Passiert ist allerdings nicht viel. Aufklärung vonseiten der Behörden findet nicht statt, dabei wäre sie dringend notwendig. Das zeigt sich nicht zuletzt im Februar 2019, als sich junge Männer aus diesen Kreisen am sogenannten Tag der Ehre in Budapest beteiligten. Die alljährliche »Gedenktour« mit Geländemarsch und Demonstration wird von ungarischen Rechtsextremisten organisiert, sie soll an »den heldenmütigen« Kampf von deutschen und ungarischen Soldaten in der »Schlacht um Budapest« am Ende des Zweiten Weltkrieges erinnern. Jedes Jahr marschieren Tausende aus zahlreichen europäischen Ländern unter Beteiligung des *Blood & Honour*-Netzwerkes in der ungarischen Hauptstadt auf. Fotos zeigen Teilnehmer aus den Reihen der *Heimattreuen Deutschen Jugend* und der NPD auch aus Lüneburg. Beim Aufmarsch waren Stahlhelme und SS-Uniformen zu sehen. Die Organisatoren veröffentlichten die Teilnehmerlisten des 60-Kilometer-Marschs mit mehr als 2000 Namen. Nicht alle stimmen, eine Teilnehmerin nannte sich »Angela Merkel«.

Im neurechten »Kulturkampf« taucht eine Person regelmäßig auf: der rechtsextreme YouTuber »Der Volkslehrer«. Hinter dem Nickname verbirgt sich Nikolai Nerling. Dem 39-jährigen Berliner Grundschullehrer war im Mai 2018 gekündigt worden. Neun Jahre lang hatte er an einer Grundschule im Bezirk Wedding Musik und Sport unterrichtet. Nerling selbst beklagt, die »Mainstream-Medien« hätten ihn als »Nazi-Lehrer« abgestempelt. Doch seine Klage gegen das Land Berlin verlief bislang erfolglos. Inzwischen hat Nerling keine politischen Hemmungen mehr, er besucht Reichsbürger und Holocaustleugner, klettert mit völkischem Nachwuchs aus Mecklenburg durch das Elbsandsteingebirge und provozierte im Februar 2019 in der Gedenkstätte des Konzentrationslagers Dachau. Auf dem Evangelischen Kirchentag sei er der »Frechdachs (gewesen), der es wagte«, mitten in einer Schweigeminute für ertrunkene Geflüchtete den Satz »Ich schweige nicht« zu rufen, heißt es in der neu-rechten Monatszeitschrift »eigentümlich frei« zu einem seiner Auftritte.

Die Kamera ist auf Birkhild Theißen gerichtet, sie sitzt am altmodischen Herd ihrer gemütlichen Küche und sagt: »Ich bin in diesem Land in einen Mechanismus geraten, aus dem ich nicht herauskommen kann.« Dann weint die Frau ein bisschen und fordert: »Ich möchte nur arbeiten.« Ein blonder Mann tröstet die Mutter von sechs Kindern: »Birkhild, ich bin mir sicher, dein Wunsch wird in Erfüllung gehen – ist nur noch eine Frage einer gewissen Zeit, aber das werden wir noch erleben.« Es ist eine Szene aus einem Anfang 2018 online gestellten Video des YouTubers »Der Volkslehrer«. Mehr als 51 000-mal wurde der Film mit dem Titel »Ausgrenzung & Sippenhaft« bereits angeschaut. Nerling besuchte Birkhild Theißen noch vor seiner fristlosen Kündigung. Die Erzieherin ließ sich bewusst auf das Interview mit einem der bekanntesten rechtsextremen Youtuber ein. 2010 war sie als Mitarbeiterin eines Kindergartens der Stadt Lüneburg nach einem Bericht der »tageszeitung« über ihren rechtsextremen Hintergrund freigestellt worden. Die Auseinandersetzung in der Kita lief Jahre, bis Theißen einer einvernehmlichen Kündigung zustimmte.

Die Eltern der Einrichtung hatten das Vertrauen in die Mitarbeiterin verloren, waren besorgt darüber, welche Werte ihren Kindern vorgelebt werden könnten – auch mit kleinen Gesten und leisem Verhalten. Über die Jahre setzten sie sich mit Treffen, Infoabenden und Streiks gegen deren Weiterbeschäftigung ein. Ein Gespräch mit der Erzieherin bestärkte die Elternvertreter in der Meinung, dass ein vertrauensvoller Umgang nicht mehr möglich sei. Birkhild Theißen fühlt sich dagegen ungerecht behandelt.

Doch in dem Video sind ihre Aussagen zur eigenen politischen Vergangenheit in der *Wiking-Jugend* mehr als entlarvend. Sie fühlte sich dort demnach sehr wohl in deren Lagern: »Ich hatte meine Ausbildung und habe diese auch intensiv durchgeführt.« Es sei nur darum gegangen, »die Kultur zu erhalten«, sie habe »Lieder gelernt, Volkstanz, Kompass und Karte, Kräuterkunde«. Allerdings räumt sie ein: »Ich kann jetzt nicht sagen, es ist ein Pfadfinderverein, natürlich ging es auch um Politik.« Ihre Eltern hatten sie als Jugendliche zur *Wiking-Jugend* geschickt. Es gab eine tiefe familiäre Verbundenheit zu dieser straff geführten Organisation. Die Mutter war »Bundesmädelführerin« und Tochter Birkhild warb für die »Heimabende in der Nordheide« des »Gau Nordmark«. Im »Odalbrief« riefen »Birkhild und Manfred« dazu auf: »Meldet euch mal, oder klingelt an, beißen tut hier keiner.« Nach einem internen Streit innerhalb der *Wiking-Jugend* gründete Birkhild Theißens Onkel schließlich mit Edda Schmidt den *Sturmvogel*. Zur Beerdigung von Schmidts Vater, einem Angehörigen der SS-Division »Hitlerjugend«, erschien Theißens Vater mit einem Trauerkranz.

Ihr Ehemann Andreas Theißen ist langjähriger Funktionär der NPD in Mecklenburg. Er leitete zeitweilig den als gewaltbereit geltenden Ordnungsdienst seines Landesverbandes und war als Mitarbeiter bei der Partei angestellt. Seine Frau will damit nichts zu tun haben, sei sich der Verantwortung ihres Berufs bewusst, sagt sie, ergänzt dann aber im Interview: »Die NPD wurde demokratisch gewählt, ist eine ganz reguläre Partei.«

Obgleich dieses verzahnte Milieu für sich in Anspruch nimmt, privat zu agieren, wird der politische Hintergrund immer wieder deutlich. In einem Interview mit Spiegel-TV konnte der Vater der umstrittenen Erzieherin, Uwe Berg, seinen Stolz auf die eigene große Familie nicht verbergen und verfiel sogleich in den NS-Jargon als er verkündete: »Ich habe meinen eigenen Lebensborn.« Gemeint war die große Schar seiner Kinder.

Aus vielen völkischen Familien gehen Pädagogen hervor. Prominentestes Beispiel ist der ehemalige Gymnasiallehrer aus dem hessischen Bad Soden-Allendorf Björn Höcke. Ein Kollege bescheinigte ihm eine »Neigung zum Pathos«, aber ansonsten sei er im Kollegium sehr geschätzt worden. Nicht immer fällt es den pädagogischen Einrichtungen leicht, sich eindeutig zu positionieren. Das Beispiel der Freien Waldorfschule Minden lässt aufhorchen. Denn ein Großteil der Schulgemeinschaft fühlte sich zu Lehrer Wolf-Dieter Schröppe hingezogen, obgleich er im rechtsextremen Milieu fest verankert scheint. Der Fall verdeutlicht, wie schwer eine Abgrenzung fallen kann, wenn nationalistische Lehrkräfte sich erst einmal etabliert haben. Die Schule in Nordrhein-Westfalen trennte sich im August 2015 erst auf massiven Druck hin von Schröppe. Viele votierten trotz belastender Fakten für seinen Verbleib. Schließlich einigten sich die Parteien auf eine Trennung. Ein Jahr später wurde ein Hausverbot ausgesprochen. Dass Rechtsextremismus und Waldorfpädagogik unvereinbar seien, stellte die Schule erst spät klar. Auch waren kritische Eltern nicht zur schulinternen Aufarbeitung eingeladen worden. Die mangelnde Transparenz der Verantwortlichen der Freien Waldorfschule Minden wurde beanstandet, einige Lehrkräfte und Schüler verließen die Schule. Der Streit spaltete Eltern- und Lehrerschaft. Im April 2015 war die Sache ins Rollen gekommen. Schröppe hatte sich nach 20-jähriger beruflicher Tätigkeit vom Hausmeister, Handwerkslehrer zum »informellen Leiter« der Freien Waldorfschule Minden hochgearbeitet. Schröppe, Jahrgang 1962, war in Buenos Aires geboren worden. Er wuchs in einem Ort auf, in dem es von Fans des »Dritten Reiches« nur so wimmelte: San Carlos de Bariloche. Zahlreiche hochbelaste NS-Verbrecher waren nach 1945 über geheime Fluchtrouten in den abgelegenen argentinischen Gebirgsort gelangt und dort abgetaucht. Sie bauten eine urdeutsche Enklave mit Schuhplattlerverein und Fachwerkhäusern auf. Aushängeschild war das Instituto Primo Capraro, die deutsche Schule. Als einflussreicher

Ehrenvorsitzender trat seit den 1980er Jahren der Rentner und später in Italien verurteilte Kriegsverbrecher Erich Priebke auf. Priebke, während der NS-Zeit Hauptsturmführer und stellvertretender Polizeichef in Rom, wurde für ein Massaker an italienischen Zivilisten 1944 in den Ardeatinischen Höhlen mitverantwortlich gemacht und 1998 zu lebenslanger Haft verurteilt. In der Haft zeigte er bis zu seinem Tod 2013 keine Reue. Im Gegenteil, Priebke unterhielt fortdauernden Kontakt zur rechtsextremen Szene. Zu dieser deutschen Schulgemeinde in Bariloche gehörte auch die Familie Schröppe. Es gab Fahnenappelle und Feiern zum Geburtstag des Führers. Die deutsche Massenvernichtung der Juden wurde als »Alliierten-Lüge« abgetan. Die WDR-Dokumentation »Pakt des Schweigens« von 2006 zeigt Schröppe als jungen Mann gleich neben Priebke bei einem Fest in Bariloche. Schnell war er vom Hausmeister aufgestiegen, 1992 gehörte er bereits dem Schulvorstand an. Ein Foto mit der Bildunterschrift »Comisión Directiva« zeigt das 16-köpfige Gremium mit einem lächelnden Priebke im Vordergrund und dem jungen Schröppe schräg dahinter. 1994, als gegen Priebke Ermittlungen aufgenommen wurden und er in Hausarrest kam, verließ Wolf Schröppe Argentinien. Seine »Rückwanderung in die Heimat« kündigte er in deutschen rechten Kreisen an: Man komme, um »vor allem seine Kinder vor einer zunehmenden Überfremdung des dortigen Deutschtums zu bewahren«. Schröppe fand schnell politischen Anschluss in Deutschland. Ab etwa 1996 war er nach eigenen Angaben etwa zehn Jahre lang Mitglied im *Bund Deutscher Unitarier – Religionsgemeinschaft europäischen Geistes* (BDU). Dann sei durch eine Arbeit am Thema Externsteine die Anthroposophie für ihn zur »Offenbarung« geworden, und er habe die Unitarier verlassen, heißt es in einem Untersuchungsbericht. Dr. Karsten Wilke und Frederic Clasmeier befassten sich in einer Expertise im Auftrag der Freien Waldorfschule Minden 2015 mit der Verflechtung des Lehrers. Im Verständnis des BDU, so Wilke und Clasmeier, wird unter Unitarismus eine »unitarisch-ganzheitliche« Naturreligion verstanden, wobei von einer »europäisch-germanischen Menschenart und ihrem Lebensverständnis« ausgegangen wird. Es werde ein Zusammenhang zwischen Religion und »Rasse« konstruiert. Ein dreiköpfiges Lehrergremium der betroffenen Waldorfschule hatte eigene Recherchen angestellt und den Unitariern dagegen erkennbare Ähnlichkeiten zur Anthroposophie bescheinigt, dazu gehörten »neben der Achtung der Natur, die Liebe zu den Menschen und der Glaube an geistige Mächte«. Schröppe schrieb zudem als Autor für den *Bund für Gotterkenntnis – Ludendorff* und schickte seine Kinder in die Lager des *Freibundes*. 2005 wurden Schröppe und seine Ehefrau schließlich als Gäste eines konspirativen Lagers der rechtsextremen *Artgemeinschaft* von der Polizei in Thüringen aufgeführt – mit dabei auch fünf ihrer Kinder.

Auf Mediennachfrage von 2019 verweist ein Vorstandsmitglied der Freien Waldorfschule Minden zunächst auf das schuleigene Engagement für Demokratie und Rechtsstaatlichkeit. Es habe Anfang des Jahres eine szenische Lesung der »Eichmann-Protokolle« gegeben, und es wird darauf hingewiesen, dass Schülerinnen und Schüler der Einrichtung die letzte Fridays-for-Future-Demonstration in Minden angemeldet haben. Aus Gründen der Rechtssicherheit habe man sich im Fall von »Herrn S.« gegen eine Kündigung und für eine »Trennungsvereinbarung« entschieden. Die beschränke sich »nur auf Leistungen, auf die Herr S. rechtlichen Anspruch hatte«. Details werden nicht weitergegeben. Fakt bleibt, ab 2009 leitete der Pädagoge Schülerreisen ins ehemalige Ostpreußen, zwei Mal fuhren auch Waldorfschüler mit. Über ihn gerieten Minderjährige dort mit einem fragwürdigen politischen Spektrum in Berührung. Im Nachhinein erinnerte sich ein jugendlicher Reiseteilnehmer an alte Leute, die sie damals besuchten. Die hätten schon bedauert, dass es »Hitler nicht mehr gäbe«. In seiner Stellungnahme ging der umstrittene Lehrer 2015 nicht konkret auf die Vorwürfe ein, sondern erklärte, er habe stets das Beste für die Schule im Sinn gehabt und hoffe, dass »sein tatsächliches Wirken in den letzten 20 Jahren« dies auch gezeigt habe.

Es ist kein Einzelfall. Schon 2004 löste der Wunsch des Lehrers Andreas Molau, sich aus der Waldorfschule in Braunschweig beurlauben zu lassen, um wissenschaftlicher Mitarbeiter bei der damaligen NPD-Landtagsfraktion in Dresden tätig zu werden, mehr als Überraschung aus. Der Wechsel vom alternativ-geltenden Pädagogen zur ältesten rechtsextremen Partei Deutschlands schockierte viele. In der Schule der niedersächsischen Stadt entbrannte eine heftige Diskussion wie mit dem Lehrer umzugehen sei. Am Ende des Konflikts mussten er und seine Kindern die Schule verlassen. Mit seinen Kindern marschierte er daraufhin in den Reihen der NPD brüllend durch die Braunschweiger Innenstadt. Er engagierte sich immer tiefer im radikalen Spektrum. Acht Jahre später wendete er sich von diesem politischen Milieu ab, tritt heute wieder in Schulen auf, jetzt als Aussteiger. Manche Eltern aber, die ihn als Lehrer kannten, reagierten hinsichtlich dieser Entwicklung noch 2018 verstört. Die Nachricht ihres Sohnes, dass sein Lehrer bei der NPD arbeiten möchte, wollte eine Mutter erst gar nicht wahrhaben, wie sie berichtete. »Ich dachte, unser Sohn würde SPD mit NPD verwechseln«, sagt sie. Und ihr Mann stimmt zu: »Ich weiß noch, dass ich gar nicht glauben konnte, dass der Lehrer unseres Sohnes so einer Partei nahe stehen könnte. Ich saß bei der Familie in der Küche, unser Sohn war mit seinem Sohn befreundet, wir waren zu Kindergeburtstagen eingeladen. Ich war und bin bis heute erschüttert, dass wir nicht erkannt haben, für welche Ideale und Werte der Lehrer damals stand.«

Gemeinsam mit einem weiteren Paar schildern sie gegenüber der »tageszeitung« auch die Nachwirkungen des Konflikts. Der »Deckmantel des Alternativen« sagt die Mutter, hätte alles überdeckt. Ihnen sei zwar bekannt gewesen, dass Rechte sich für Ökologie und Anthroposophie interessierten, aber sie hätten nicht bemerkt, wie nationalistisch der Lehrer tatsächlich gesinnt war.

»Sein Gestus, sein Aussehen passten nicht ins Bild eines Rechten. Er wirkte gebildet, alternativ. Ja, ich weiß, wir sind da dem Klischee des glatzköpfigen Nazis – dumm und gewaltbereit – aufgesessen«, erinnert sie sich. Und sie betonten, wie schwer um die Entscheidung, dass auch die Kinder die Schule verlassen sollten, gerungen wurde. Doch die enge Verzahnung der Elternfamilien mit den Vorgängen in den Waldorfschulen führte letztlich dazu, dass auch die Kinder gehen mussten. Über die Kinder wäre der ehemalige Lehrer weiterhin im Alltag der Schule präsent gewesen. Ihm sei deswegen »schnell klar gewesen, dass nicht bloß eine klare Trennung mit ›dem Lehrer‹ erfolgen musste, sondern auch mit ›dem Vater‹«, erklärt einer der betroffenen Väter. Vertrauen und Grundsicherheit seien verloren gegangen. Es wird sogar vermutet, dass der Lehrer im Umfeld der Schule nach Gleichgesinnten gesucht haben könnte, denn damals erhielt eines der Paare plötzlich ein Probe-Abo der neu-rechten Zeitung »Junge Freiheit«, dessen Redakteur Molau war.

Vor hundert Jahren, am 7. September 1919, eröffnete auf Wunsch des Unternehmer Emil Molt, Eigentümer der Zigarettenfabrik Waldorf-Astoria, die erste Schule im Geiste Rudolf Steiners in Stuttgart. Während es um mystisch erklärtes Germanen- und Deutschtum in Steiners Geisteswissenschaft seit langem polarisierende Debatten gibt, die vor allem von den »Flensburger Heften – Anthroposophie im Gespräch« angestoßen wurden, war 2019 im Jubiläumsjahr die Geschichte der Waldorfschulen im Nationalsozialismus kaum Thema. So zeichnete sich ein Jahr nach der Machtergreifung Hitlers im Februar 1934 bereits ab, dass die Waldorfschule in Stuttgart geschlossen werden würde.

Der damalige Leiter der Waldorfschule in Hannover, René Maikowski, schrieb Adolf Hitler an. »Hochverehrter Herr Reichskanzler!«, begann er und legte dar, es sei wohl nicht bekannt, dass »das Lebenswerk« Steiners »aus den tiefsten Grundlagen und der innersten Kraft des deutschen Geistes erwachsen« sei. In keiner

Schule würde so eingehend »das deutsche Märchen, die deutsche Mythologie und Heldensagen (...) behandelt«. Sie hätten sich zudem dem »materialistischen Zeitgeist« entgegengestellt. Nicht »so sehr aus der Sorge um das Bestehen einiger Schulen« habe er sich an den Führer gewandt, »als vielmehr aus dem Bewußtsein der Verantwortung« für die Erhaltung der »deutschen Kultur«.

Im selben Tenor äußerte sich Steiners Nachfolger als Erster Vorsitzender der Anthroposophischen Gesellschaft, Albert Steffen, schon 1933. Aus Sorge um die richtige Steiner-Interpretation schrieb er an die Gauleitungen: »Man will nicht nur Rudolf Steiner, den Kämpfer für das deutsche Wesen, sondern deutsche Treue selbst herabsetzen.« Steiners Sekretär Guenther Wachsmuth sagte dem dänischen »Extrabladet« 1933: »Ich äußere mich ungern über Politik. Aber es soll kein Geheimnis sein, daß wir mit Sympathie auf das schauen, was zur Zeit in Deutschland geschieht. Es muß Bewegung da sein und die mutige und tapfere Weise, wie die Führer des neuen Deutschlands sich der Probleme bemächtigen, kann meiner Meinung nach nur Bewunderung erzwingen.«

1936 lösten sich sechs Waldorfschulen auf, 1941 schlossen die letzten drei Schulen. Mit dem Flug von Hitlers Stellvertreter Rudolf Heß nach England am 10. Mai des Jahres hatte die Anthroposophie einen Förderer verloren. In der Anthroposophie ist das Verhalten der damaligen Verantwortlichen umstritten. Wo lagen die Grenzen des Taktierens um Lehrkörper und Schülerschaft zu schützen, wo gab es eine Positionierung aus Überzeugung? Fragen, die nicht bloß unter Anthroposophen oft verdrängt werden.

Die deutschtümelnden Mythen wabern bis heute bei den völkischen Landnehmern. Mit der Blut-und-Boden-Romantik historischer Lebensreformer hat deren reales völkisches Leben auf dem Lande dann wenig gemein. Berufliche Schwerpunkte liegen in Forstwirtschaft, Handwerk, Gartenbau und Landwirtschaft. Auf Selbstversorgerhöfen erhalten Nationalisten vom Aussterben bedrohte einheimische Nutztierrassen, neben Bentheimer Landschweinen tummeln sich Deutsche Reichshühner und Hochlandrinder.

Auch die *Identitäre Bewegung* befasst sich mit dem Thema Landwirtschaft. Im Haus »Flamberg« in Halle lauschen Rechtsextreme im Januar 2019 den Vorträgen zweier Landwirte zum Thema »Solidarische Landwirtschaft und Permakultur«. Der eine, so heißt es auf der Homepage der IB, sei Besitzer eines konventionellen Milchbetriebes. Ihm biete die herkömmliche Landwirtschaft keine Perspektive mehr, er sehe in der Solidarischen Landwirtschaft eine Zukunftsperspektive.

Obwohl das Konzept der Solidarischen Landwirtschaft (SoLaWi) in der Praxis eher im links-alternativen politischen Spektrum angesiedelt ist, interessieren sich auch Völkische dafür. Bei der Solidarischen Landwirtschaft handelt es sich um regionale Zusammenschlüsse von landwirtschaftlichen Betrieben oder Gärtnereien mit einer Gruppe privater Haushalte. »Die Lebensmittel werden dann nicht mehr über den Markt vertrieben, sondern fließen in einen eigenen, durchschaubaren Wirtschaftskreislauf, der von den Verbraucher*innen mit organisiert und finanziert wird«, heißt es auf der Homepage von Solidarische Landwirtschaft e. V. Eingebundene Landwirte und Gärtner erhalten ein Gehalt, und anfallende Kosten sind gesichert. Seit 2016 sollen bereits mehr als 100 Gemeinschaftshöfe entstanden sein.

Frank und Gunter Freytag gehören seit 2013 zur »SoLaWi Rostock Land« in Wahrstorf. Inzwischen ist bekannt, dass die Brüder aus Dresden sich an Treffen des *Bund für Gotterkenntnis – Ludendorff* in Dorfmark und Kirchmöser beteiligt hatten, zum Festival der antisemitischen russischen Eso-Sekte *Anastasia* nach Grabow gefahren waren oder mit der Familie an der »Tell«-Aufführung junger Rechter in Bischofswerda teilnahmen. Gunter Freytags Name tauchte im Verteilerkreis des *Mitteldeutschen Volkstanzkreises* auf, zu dem Chemnitzer Rechtsextremisten gehören. Auch ein Rostocker Arzt, der zeitweilig als Ansprechpartner eines »Verteilerpunktes« auf der Internetseite des SoLa-Wi-Hofes angegeben war, ist aktiv bei den *Ludendorffern* und im Jugendverband *Arbeitskreis für Lebenskunde.* Protest regte sich, doch die Freytags, die sich mit Schäferei, Garten und Landbau einbrachten, waren nicht zum Verlassen der SoLaWi zu bewegen. Frank Freytag relativierte und erzählte von einem Großvater, dem er am Sterbebett versprechen musste, den *Ludendorffern* treu zu bleiben. Originalliteratur stand im Haushalt. Den *Anastasia*-Kontakt schob er auf den Bruder. Zu einer politischen Klärung trugen die Freytags nicht bei. Ein Drittel der Mitglieder verließ daraufhin die Gruppe und gründete alternativ dazu 2014 die *Bunten Höfe.* Auch das SoLaWi-Netzwerk beschäftigte sich daraufhin mit vereinzelten Rechtsextremen, AfDlern und Reichsbürgern in den Reihen ihrer Initiativen. Die Freytags gingen 2017 in die Offensive und luden zur Veranstaltung nach Rostock, »auf der sie sich ganz klar als Opfer hinstellten«, wie eine Teilnehmerin berichtet. Die frühere Verbindung zu den *Ludendorffern* wurde dort gar nicht angesprochen. Offiziell distanziert sich die SoLaWi Rostock von »Anti-Semitismus und nationalsozialistischem Gedankengut«, wie es in einer Erklärung von August 2019 heißt. Das Netzwerk wirbt inzwischen für den »Freikauf von Land« und bittet um Spenden dafür, konkret geht es um 27 Hektar Grünland für 220 000 Euro. Die Initiative zeigt Expansionsbemühungen.

Beim Internetportal »ExtremNews« durfte am 2. September 2019 über eine Stunde der Brandenburger Frank Willy Ludwig seine Weltsicht darlegen. Seit Jahren hält Ludwig Vorträge zum Aufbau von Siedlungen im ländlichen Raum sowie zu »Grundlagen unseres Urahnenerbes«. Der Interviewer des Internetportals mit »etwas anderen Nachrichten« stellt keine kritischen Fragen. Ludwig und er scheinen sich einig, dass »die Lügenpresse« Wahrheiten unterdrückt. Es geht um vieles, unter anderem wird das Hakenkreuz in dem Gespräch als Swastika beschönigt. Ludwigs Webseite »Urahnenerbe Germania« zieren gleich zwei leicht veränderte Hakenkreuze. Auf der Internetpräsenz präsentiert er auch sein Buch »Stammeslandsitze, Siedlung & Schule«, das im Eigenverlag »Urahnenerbe Germania« erschienen ist – das selbstgewählte Kürzel: »Das Buch – SSS«. Der stämmige Mann mit dem Rauschebart ist ein begehrter Redner in Sachen »Familienlandsitze«. Im Internet beschreibt er unter dem Punkt »Unser Ziel« das Vorhaben: »Die Förderung und der Aufbau natürlicher Stammeslandsitze in Siedlungen mit Wirtschaft (Mutterhof) und Schulen, durch das Erforschen und Praktizieren der Lebensweisen unserer Urahnen, der wedischen Hochkultur von Slawen und Ariern.« Als eine Quelle für ihre Arbeit gibt Ludwig das »SS-Ahnenerbe« an. Mit der Bezeichnung wird auch auf das 1935 vom SS-Reichsführer Heinrich Himmler unter der Beteiligung des Privatgelehrten Herman Wirth gegründete *Deutsche Ahnenerbe – Studiengesellschaft für Geistesurgeschichte e. V.* Bezug genommen, das ab 1937 als *Das Ahnenerbe e. V.* firmierte. Die Organisation wollte die Rassenideologie vermeintlich wissenschaftlich unterlegen.

Vor gut zwanzig Jahren will Ludwig ein Erweckungserlebnis gehabt haben. Seitdem setze er sich verstärkt mit der slawisch-arischen Weden-Religion auseinander. In seinem 2016 erschienen »SSS«-Werk schreibt Ludwig, dass jede Familie auf einem Hektar Land vegetarisch und autark leben soll. Der Bezug zur (bereits behandelten) *Anastasia*-Bewegung wird deutlich.

Im Gespräch mit »ExtremNews« vertritt er deren Lebensvorstellungen und wirbt für diese Bewegung, zu der er sich auch zählt. Für diese Zielgruppe bietet er auf seiner Webseite auch »Rituale nach altem Brauch« an: »Weihen, Hoheleit, Sonnenfeuer, Stammesanbindung«. Im Interview gibt er an, noch nie bei der NPD gesprochen zu haben, er würde es aber gern machen, da ihm die Menschen, die die Heimat und das Volk lieben, sehr nah wären. Bei Youtube findet sich ein Video von einem Vortrag Ludwigs bei einem Treffen des »Honigmann«. Hinter diesem Pseudonym verbirgt sich der mittlerweile verstorbene Blogger Ernst

König – verurteilt wegen der Leugnung des Holocausts. Ludwig verklärt bei dem Treffen den Hitlergruß als »Sonnengruss unserer Ahnen«.

Im September 2019 begrüßt Ludwig ausdrücklich die Landtagswahlerfolge der AfD in Brandenburg und Sachsen: »Jetzt müssen ansiedlungswillige Menschen auch möglichst alle dummen veralteten Angewohnheiten und Programmierungen überwinden,« meint er. Die »autarken Familien« seien für die bestehenden Verhältnisse die größte Gefährdung, weshalb sie gefördert werden müssten. Zugleich setzt er sich in seinem Rundbrief für die Verbrüderung von Deutschen und Russen ein, wobei er sich auf »Rudolph Steiner« bezieht, der erkannt habe, »dass der Geist der Freiheit, des Deutschen Aufgabe, die slawische Epoche der Brüderlichkeit befruchten wird«. Auf die Medien-Anfrage zu seinen Positionen schickte Ludwig im September 2019 eine »Standardantwort von *Urahnenerbe Germania* für alle Gesuche von Presse, Funk und Fernsehen«, worin er eine schriftliche Stellungnahme ablehnt und zugleich droht, dass alle wertenden Vergleiche wie »rechtsextrem, völkisch, antisemitisch … verboten sind«, andernfalls eine Strafe von »mindestens 45.000 €« drohe.

Wie bei Frank Willy Ludwig wird auch bei vielen anderen rechten Ökos ein positiver Bezug zur autoritären Herrschaft Putins deutlich. Bemühungen, die aus Russland stammende *Anastasia*-Bewegung auszuweiten gibt es auch in der Lüneburger Heide. Im Landkreis Uelzen wurden vor einiger Zeit Mitstreiter für einen »Familienlandsitz« auf knapp drei Hektar Land gesucht. Es sollten Menschen sein, »die schöpferisch in Aktion treten wollen«. »Alle, die das bestehende System satt haben und sich auf machen wollen, mal was Neues auszuprobieren« sollen sich angesprochen fühlen. Inspiriert von »Anastasias Elementarbildern« soll das Projekt »wieder Licht zu den Menschen bringen«, hieß es in dem Facebook-Aufruf, der Mitstreiter in die Region »an den Toren zum Wendland« locken möchte. Zum 1. Mai 2019 lud ein weiterer *Anastasia*-Anhänger auf ein entlegenes Anwesen in den Landkreis Celle. Das »Fest des Lebens, der Fruchtbarkeit, der Vereinigung, der Zeugung und des Sieges der Sonne und des Sommers über den Winter« sollte auf dem Hof eines dort ansässigen »Staatsverweigerers« gefeiert werden, der sich als Herrscher des »Königreichs Wedenland« ansieht. Bei dem Neusiedler aus der Heide liegt die Befürchtung nahe, dass sich krude Ideologien aus Holocaustleugnung, Reichsgedanken und *Anastasia*-Lehre vermischen.

Anfang Juni 2018 stattete Björn Höcke der Südheide einen Privatbesuch ab. Einige Tage nach dem Treffen berichtete die »Cellesche Zeitung« darüber. Der Redakteur erhielt nur spärliche Informationen. Auf Einladung des Unternehmers Jürgen Lindhorst aus Schmalhorn bei Winsen an der Aller habe der völkische AfD-Politiker aus Thüringen vor rund 90 geladenen Besuchern aus der Region gesprochen. Zu den rein privaten »politischen Gesprächskreisen« erklärt der frühere Chef des riesigen Familienimperiums Jürgen Lindhorst dann auf Nachfrage, es seien Landtags- und Kreistagsabgeordnete der AfD sowie »persönliche Freunde und alte Geschäftspartner« eingeladen worden. Presse sei nicht erwünscht. Er habe Höcke im Landtag in Erfurt kennengelernt, ein kritisches Gespräch mit ihm führen können und ihn daraufhin in den Privatkreis gebeten. In Thüringen ist die Lindhorst-Investmentgruppe seit vielen Jahren aktiv, sie unterhält Kontakte zu verschiedenen Parteien, wie etwa zur CDU und FDP.

Das Unternehmen wirtschaftet in der vierten Generation, ist in der konventionellen Landwirtschaft tätig, beackert bundesweit mehr als 22 000 Hektar, und investiert zunehmend in Bioenergie. Zudem werden Seniorenresidenzen und Immobilien betrieben. Dem Senior, der noch Aufsichtsratschef der Holding ist, gefallen nach Angaben der Lokalzeitung »Höckes Vita und seine Einstellungen zu Familie und traditionell deutschen Werten«. Von dessen »Ausfällen«, wie etwa der Äußerung vom »Denkmal der

Schande«, distanziere er sich, betonte Lindhorst. Der Redakteur der »Celleschen Zeitung« stellte dennoch in einem Kommentar fest: »Warum man so jemanden zu sich nach Hause einladen muss, wird das Geheimnis von Jürgen Lindhorst bleiben.« Leserbriefschreiber Hilko Heisterberg merkte anschließend an: Wer Björn Höcke »bei sich zu Hause den roten Teppich ausrollt und ihm ein Podium anbietet, der zeigt deutlich seine Positionierung.« Der ortsansässige Heisterberg, warnt: »Da Lindhorst die finanziellen Mittel hat, die Politik nach seinen Vorstellungen zu beeinflussen, was er in der Vergangenheit in Winsen auch schon praktiziert hat, ist hier höchste Wachsamkeit geboten.«

Vor der Einfahrt zu Lindhorsts Forstgut in Schmalhorn steht ein Findling. Er zeigt neben dem Nachnamen des Hofbesitzers in altdeutscher Schrift eine Wolfsangel. Auf Nachfrage betont Lindhorst in einer langen E-Mail: »Ich bin sehr heimatverbunden, und die Wolfsangel verbindet meine Familie seit Generationen mit unserem landwirtschaftlichen Betrieb.« Der Stein habe dort schon gestanden, als er noch ein Kind gewesen sei, betont der »große Fan« des Heide-Dichters Hermann Löns.

Mag es sich noch so sehr um ein in Norddeutschland übliches Zeichen in Forstgrenzsteinen handeln, Tatsache ist: Die *Hitlerjugend* trug die Wolfsangel als Ärmelaufnäher. Gegen Ende des Zweiten Weltkriegs baute die verbrecherische SS eine als »Werwolf« bezeichnete Untergrundorganisation gegen die anrückenden Alliierten auf, auch die trug die Wolfsangel als Erkennungszeichen. Damit konfrontiert, schreibt Jürgen Lindhorst: »Dass das Naziregime sich dieses Symbol zu eigen gemacht hat, ist schlimm, aber für mich nicht relevant, weil ich für mich persönlich damit gar nichts verbinde.«

Nur wenige Kilometer entfernt von Lindhorsts Findling, an derselben Straße gelegen, befindet sich die Gedenkstätte des ehemaligen Konzentrationslagers Bergen-Belsen. Den Mitarbeitern der Gedenkstätte fiel das umstrittene Symbol auf dem Findling in der Nachbarschaft längst auf. Doch die Einladung an Höcke kam auch für die Leitung der Gedenkstätte überraschend. Denn es war Björn Höcke, der 2016 in seiner Kyffhäuser-Rede forderte: »Wir haben jetzt 70 Jahre Mahnmale gebaut. Es ist hohe Zeit, dass wir jetzt endlich wieder Denkmäler errichten.« Jürgen Lindhorst will dieser Äußerung nicht zustimmen, fordert aber auch Mahnmale für die »durch Vertreter der Siegermächte« begangenen »Gräueltaten an der schuldlosen Zivilbevölkerung«. Der provokante Findling vor der Einfahrt zu seinem Haus sei »ein ganz normaler Vorgang« und solle »keinen Affront« zur Gedenkstätte Bergen-Belsen darstellen.

Am Aufbau von Netzwerken im Sinne völkischer Politiker wie Höcke wirken viele Protagonisten offen oder verdeckt mit. Das weitläufige und differente Milieu strebt insgesamt nicht nur eine grundlegende Veränderung in der Geschichts- und Erinnerungspolitik an, sondern will alltägliche Lebensbereiche radikal umwälzen – sehnt sich in großen Teilen nach einer reindeutschen »Volksgemeinschaft«. Angestrebt wird eine Kehrtwende, weg von einer libertären, pluralen Gesellschaft hin zu einer autoritär homogenen Gesinnungs- und/oder Blutsgemeinschaft. Allein in so einer Gemeinschaft sehen die völkisch-ideologischen Landnehmer den Natur-, Tier-, Umwelt- und Volksschutz garantiert. Auch wenn es Abweichungen zur Politik der AfD und Kontroversen untereinander gibt, dominiert doch die Gemeinsamkeit, die in der Negation des Bestehenden liegt. Angefeindet werden das über Jahrhunderte erkämpfte Gleichheitsprinzip, Pressefreiheit, emanzipatorische Freiräume und soziale Absicherungen. AfD-Bundessprecher Jörg Meuthen pointierte schon öfter dieses spezifische Nein. »Wir wollen weg vom links-rot-grün-versifften 68er-Deutschland.«

Die völkische Landnahme stellt einen Angriff auf die gesamte Gesellschaft dar. Die Auseinandersetzung damit gestaltet sich nicht leicht, da die Protagonisten weder Parteibuch noch Fahnen vor sich hertragen und die politischen Ambitionen verschleiert werden. Wenn opportun, dann stilisieren sich »völkische Siedler« gegenüber Kritikern gar als »alternativ« oder sogar »links«. Es gehe ihnen nur um Heimatverbundenheit und Patriotismus, lautet eine gängige Verteidigungslinie. Völkisch Gesinnte mit 150-prozentigem Weltbild sind selten überzeugbar, Diskussionen erübrigen sich meistens, zerren an der Kraft demokratisch Engagierter. Gerade geschichtliche Entwicklung und gegenwärtige Handlungsabläufe verdeutlichen, wie sehr es der extremen Rechten gelingt, eigene provokante Themen und Thesen zu normalisieren und zu popularisieren. »Wenn man nur dem rechten Rand hinterherhechelt«, spitzt Grünen-Chef Robert Habeck die Situation zu, dann »erodiert die politische Mitte«. Agenda-Setting, also das Bestimmen der Themen, gelang der extremen Rechten in den vergangenen Jahren schon zu oft, zunächst im vorpolitischen Raum, nun auch in den Parlamenten. Unkenntnis sowie Ausblendung völkischer Traditionen im Umwelt-, Natur- und Tierschutz erleichtern deren Positionierungen. Eine Streitkultur als Leitkultur fordert Habeck. Der Bundesvorsitzende von Bündnis 90/Die Grünen nennt aber auch eine Grenze, die »zwischen demokratischem Streiten und undemokratischem Niederbrüllen« liege. Die Grenze läge unzweifelhaft dort, wo Rassismus beginnt, also das Verhalten Einzelner zu spezifischen Gruppenmerkmalen hochstilisiert werde und eine Ausgrenzung vorangetrieben wird, deren Opfer schon lange nicht nur »Fremde« sind.

Völkisch geprägte Rechtsextremisten sind ehrgeizig, gebildet, wandlungsfähig und schwer greifbar. Prävention erfordert nicht nur das Skizzieren ihrer Strukturen und Netzwerke, sondern muss auch eine Reflexion von Ideologie und Strategie mit einbeziehen. »Umweltschutz ist nicht grün«, behaupten die völkischen Landnehmer. Er ist aber auch nicht bloß braun. Eine strittige, aber effektive Debatte unter Demokraten ist dringend geboten. Die Auseinandersetzung mit alten »Sippen«, jungen rechtsextremen Siedlern und braunen Ökos bleibt eine gesamtgesellschaftliche Herausforderung.

Anhang

Literatur- und Quellenverzeichnis

In den Kapiteln werde Periodika, Zeitungen, Zeitschriften, Webseiten und Blogs direkt angegeben. Rechte Publikationen und Internetauftritte werden dort ebenso benannt.

Literatur

Arendt, Hannah: Elemente und Ursprünge totaler Herrschaft, Frankfurt am Main, 1993.

Baumgärtner, Maik / Wrede, Jesko: Wer trägt die schwarze Fahne dort?, Braunschweig, 2009.

Bierl, Peter: Grüne Braune. Umwelt-, Tier- und Heimatschutz von rechts, Münster, 2014.

Bierl, Peter: Schwundgeld. Freiwirtschaft und Rassenwahn, Hamburg, 2012.

Bellmund, Klaus / Siniveer, Kaarel: Kulte, Führer, Lichtgestalten, München, 1997.

Benneckenstein, Heidi / Haberl, Tobias: Ein deutsches Mädchen, Stuttgart, 2017.

Brauckmann, Stefan: Historische Hintergründe. Die Artamanenbewegung in der Weimarer Republik, in: Heinrich Böll Stiftung: Braune Ökologen, Band 26, Berlin, 2012.

Breuer, Stefan: Die Völkischen in Deutschland, Darmstadt, 2008.

Breuer Stefan: Ordnung der Ungleichheit, Darmstadt, 2001.

Breuer, Stefan: Anatomie der Konservativen Revolution, Darmstadt, 1993.

Burschel, Fritz (Hg.): Stadt – Land – Rechts, Berlin, 2010.

Feldmann, Julian / Gümmer, Christoph: Rechtsextreme im Geheimen, Braunschweig, 2019.

Franke, Nils Magnus: Naturschutz – Landschaft – Heimat. Romantik als eine Grundlage des Naturschutzes in Deutschland, Heidelberg, 2017.

Franke, Nils Magnus: Der Westwall in der Landschaft. Aktivitäten des Naturschutzes in der Zeit des Nationalsozialismus und seine Akteure, Mainz, 2015.

Franke, Nils Magnus: Personelle und institutionelle Kontinuität im Naturschutz aus der Zeit des Nationalsozialismus in die frühe Bundesrepublik, in: Heinrich, Gudrun/Kaiser, Klaus-Dieter/Wiersbinski, Nobert (Hg.): Naturschutz und Rechtsradikalismus, Bonn, 2015.

Fried, Johannes: Die Deutschen, Pfungstadt, 2018.

Frohn, Hans-Werner: Naturschutz und Demokratie, in: Heinrich u. a. (Hg.): Naturschutz und Rechtsradikalismus, Bonn, 2015.

Gebhardt, Richard/Dominik Clemens (Hg.): Volksgemeinschaft statt Kapitalismus, Köln, 2009.

Geden, Oliver: Rechte Ökologie. Umweltschutz zwischen Emanzipation und Faschismus, Berlin, 1996.

Ginsborg, Paul: Die geführte Familie, Hamburg, 2014.

Goetz, Judith/Sedlacek, Joseph/Winkler, Alexander (Hg.): Untergangster des Abendlandes, Hamburg, 2017.

Habermas, Jürgen: Die Moderne – ein unvollendetes Projekt, Leipzig, 1990.

Häusler, Alexander/Kellershohn, Helmut (Hg.): Das Gesicht des völkischen Populismus, Münster, 2018.

Häusler, Alexander/Langebach, Martin/Virchow, Fabian (Hg.): Handbuch Rechtsextremismus, Wiesbaden, 2016.

Heitmeyer, Wilhelm: Autoritäre Versuchungen, Berlin, 2018.

Hundseder, Franziska: Wotans Jünger, München, 1998.

Jahrhaus, Oliver: Der verkante Vordenker, in: Kursbuch, Frankfurt am Main, März 2019.

Jahn, Thomas/Wehling, Peter: Ökologie von rechts, Frankfurt am Main, 1990.

Kauffmann, Heiko/Kellershohn, Helmut/Jobst Paul (Hg.): Völkische Bande, Münster, 2005.

Kleffner, Heike/Meisner, Matthias (Hg.): Unter Sachsen, Berlin, 2017.
Kühnl, Reichhard/Rilling, Rainer/Sager, Christine: Die NPD, Frankfurt am Main, 1969.
Langner, Manfred (Hg.): Die Grünen auf dem Prüfstand, Bergisch Gladbach, 1987.
Löwenthal, Leo: Das bürgerliche Bewußtsein in der Literatur, Frankfurt am Main, 1990.
Lukács, Georg: Die Zerstörung der Vernunft, Darmstadt, 1962.
Manow, Philip: Die Politische Ökonomie des Populismus, Berlin, 2018.
Niemann, Eckehard: Nationalsozialismus im Landkreis Uelzen, 3 Bände, Selbstverlag, 2014–2017, eckehard.niemann@freenet.de.
Niemeyer, Christian: Die dunklen Seiten der Jugendbewegung, Tübingen, 2013.
Pausewang, Gudrun: Rosinkawiese, München, 1993.
Pulzer, Peter G. J.: Die Entstehung des politischen Antisemitismus, Göttingen, 2004.
Purtscheller, Wolfgang: Aufbruch der Völkischen, Wien, 1993.
Puschner, Uwe/Großmann, G. Ulrich (Hg.): Völkisch und national, Darmstadt, 2009.
Radkau, Joachim/Uekötter, Frank (Hg.): Naturschutz und Nationalsozialismus, Frankfurt am Main, 2003.
Raschke, Joachim: Die Zukunft der Grünen, Frankfurt am Main, 2001.
Röpke, Andrea/Speit, Andreas: Mädelsache, Berlin, 2011.
Röpke, Andrea: Die geführte Jugend, Braunschweig, 2010.
Röpke, Andrea: Ferien im Führerbunker, Braunschweig, 2008.
Salzborn, Samuel: Angriff der Antidemokraten, Basel, 2017.
Schnurbein, Stefanie v./Ulbricht, Justus H. (Hg.): Völkische Religion und Krisen der Moderne, Würzburg, 2001.
SPD-Landtagsfraktion Mecklenburg-Vorpommern (Hg.): Gefährlich verankert, Schwerin, 2015.
Speit, Andreas (Hg.): Das Netzwerk der Identitären, Berlin, 2018.

Speit, Andreas: Bürgerliche Scharfmacher, Zürich, 2016.
Speit, Andreas: Völkische Erweckung. Die Natur- und Tierliebe von Paul Förster, in: Heinrich, Gudrun/Kaiser, Klaus-Dieter/Wiersbinski, Nobert (Hg.): Naturschutz und Rechtsradikalismus, Bonn, 2015.
Speit, Andreas (Hg.): Ohne Juda, ohne Rom, Braunschweig, 2010.
Speit, Andreas (Hg.): Ästhetische Mobilmachung, Münster, 2002.
Uekötter, Frank: Wie grün waren die Nazis?, in: Politische Ökologie: Ökologie von rechts, München, Dezember 2012.
Vesper, Bernward: Die Reise, Jossa, 1977.
Weiß, Volker: Die autoritäre Revolte, Stuttgart, 2017.
Wildt, Michael: Volk, Volksgemeinschaft, AfD, Hamburg, 2017.
Woelk, Volkmar: Natur und Mythos, Duisburg, 1992.
Zudeick, Peter: Heimat, Volk, Vaterland, Frankfurt am Main, 2018.

Quellen

Alternative für Deutschland – Die Bundesprogrammkommission – Der Bundesvorstand: Grundsatzprogramm der Alternative für Deutschland, Leitantrag der Bundesprogrammkommission und des Bundesvorstandes zum Bundesparteitag am 30. 4. 2016/1. 5. 2016, Stuttgart.
Benoist, Alain de: Kulturkampf von rechts, Krefeld, 1985.
Ders.: Aus rechter Sicht, Tübingen, 1983.
Camus, Renaud: Revolte gegen den großen Austausch, Steigra, 2016.
Donovan, Jack: Nur Barbaren können sich verteidigen, Schnellroda, 2017.
Donovan, Jack: Der Weg der Männer, Schnellroda, 2016.
Evola, Julius: Cavalcare la Tigre, Engerda, 1997.
Gruhl, Herbert: Ein Planet wird geplündert, Frankfurt am Main, 1975.
Gruhl, Herbert: Himmelfahrt ins Nichts, München, 1992.
Ders.: Revolte gegen die Moderne (1934), Vilsbiburg, 1993.
Haarer, Johanna: Unsere kleinen Kinder, Berlin, 1942.

Hennig, Sebastian: Pegida – Spaziergänge über den Horizont, Neustadt an der Orla, 2015.
Höcke, Björn (im Gespräch mit Hennig, Sebastian): Nie zweimal in denselben Fluss, Berlin, 2018.
Institut für Staatspolitik (Hg.): Der Bereicherungsmythos, Schnellroda, 2015.
Dass. (Hg.): Die Flüchtlingsindustrie, Schnellroda, 2015.
Jünger, Ernst: In Stahlgewittern, Stuttgart, 2014.
Jünger, Ernst: Das Wäldchen 125. Eine Chronik aus den Grabenkämpfen 1918, in: ders.: Sämtliche Werke Band I, Stuttgart, 2009.
Ders.: Der Waldgang, Stuttgart, 1995.
Ders.: Auf den Marmorklippen, Frankfurt am Main, 1992.
Ders.: Das abenteuerliche Herz, Stuttgart, 1987.
Kaden, Eric: Die sächsische Wiking-Jugend, Dresden, 1999.
Kaiser, Benedikt: Querfront, Schnellroda, 2017.
Kositza, Ellen/Kubitschek, Götz: Tristesse Droite, Schnellroda, 2015.
Krebs, Pierre: Die europäische Wiedergeburt, Tübingen, 1982.
Kubitschek, Götz: Die Spurbreite des schmalen Grats, Schnellroda, 2016.
Kubitschek, Götz: Provokation, Schnellroda, 2007.
Müller, Mario Alexander: Kontrakultur, Schnellroda, 2017.
Moeller van den Bruck, Arthur: Das dritte Reich, Hamburg, 1931.
Mohler, Armin: Die Konservative Revolution in Deutschland 1918–1932, Darmstadt, 1994.
Mohler, Armin: Notizen aus dem Interregnum, Schnellroda, 2013.
Pirinçci, Akif: Umvolkung, Schnellroda, 2016.
Ders.: Die große Verschwulung, Waltrop, 2015.
Sarrazin, Thilo: Wunschdenken, München, 2016.
Ders.: Der neue Tugendterror, München, 2014.
Ders.: Deutschland schafft sich ab, München, 2010.
Schmitt, Carl: Politische Theologie, Berlin, 1993.

Ders.: Der Begriff des Politischen, Berlin, 1991.
Sellern, Martin: Identitäre! Geschichte eines Aufbruchs, Schnellroda, 2017.
Ders./Spatz, Walter: Gelassen in den Widerstand, Schnellroda, 2015.
Spengler, Oswald: Der Untergang des Abendlandes, München, 1959.
Strauss, Botho: Die Fehler des Kopisten, München/Wien, 1997.
Ders.: Anschwellender Bocksgesang, in: Schwilk, Heimo/Schacht, Ulrich (Hg.): Die selbstbewusste Nation. Frankfurt am Main, 1994.
Strohm, Holger: Friedlich in die Katastrophe, Hamburg, 2011.
Venner, Dominique: Für eine positive Kritik, Dresden, 2017.
Weißmann, Karlheinz: Rubikon, Berlin, 2016.
Weißmann, Karlheinz: Druiden, Goden, Weise Frauen, Freiburg im Breisgau, 1991.
Willinger, Markus: Die identitäre Generation, London, 2013.

Fotoquellen

Otto Belina und AST Wismar

Bundes- und landesweite Beratungsstellen gegen Rechtsextremismus

AIDA Archiv
www.aida-archiv.de

Amadeu Antonio Stiftung, Berlin
www.amadeu-antonio-stiftung.de
Tel. 030-24 08 86 10

Antifaschistisches Bildungsforum Rheinland
bildungsforum@gmx.de

BEFORE
www.before-muenchen.de
Tel. 089-21 55 26 08

Beratungsteam MOBIT Thüringen
www.mobit.org
Tel. 0361-219 26 94

Büro für demokratische Kommunikation und politische Bildung im Netz – Achtsegel
www.achtsegel.org
Tel. 0151-28 78 99 27

Bundesverband Mobile Beratung e. V.
www.bundesverband-mobile-beratung.de
Tel. 0351-500 54 16

Gemeinsam für Demokratie und gegen Rechtsextremismus Marburg, www.beratungsnetzwerk-hessen.de
Tel. 06421-282 11 10

Kulturbüro Sachsen
www.kulturbuero-sachsen.de
Tel. 0351-272 14 90

Lobbi e. V. Mecklenburg-Vorpommern
www.lobbi-mv.de
Tel. 0381-200 93 77 und 0395-455 07 18

Miteinander e. V. Sachsen-Anhalt
www.miteinander-ev.de
Tel. 0391-62 07 73

ReachOut
www.reachoutberlin.de
Tel. 030-69 56 83 39

Zentrum Demokratische Bildung Wolfsburg
www.zdb-wolfsburg.de
Tel. 05361-891 30 50

Dank

Unser Dank gilt:

- den zahlreichen Engagierten, die nicht wegschauen und sich nicht selten über lange Zeiträume mit uns austauschen,
- den persönlich Betroffenen vor Ort, die namentlich nicht genannt werden möchten, um nicht wieder gefährdet zu werden, für ihre Offenheit und ihr Vertrauen,
- den vielen Initiativen, Beratungsstellen, Gewerkschaften, Archiven und antifaschistischen Gruppen für Hinweise, Hintergründe und Literatur, genannt seien hier Aida München, Amadeu Antonio Stiftung, Antifaschistisches Pressearchiv und Bildungszentrum in Berlin, Arbeitsstelle Rechtsextremismus und Gewalt in Wolfsburg, Arbeitsstelle Rechtsextremismus bei Miteinander e. V. in Sachsen-Anhalt, ART Dresden, Autonome Antifa Freiburg, Exif-Recherche Analyse, Hiergeblieben.de, Kulturbüro Sachsen, Landesarchiv Schleswig-Holstein, Recherchegruppe AST, Sachsen-Anhalt rechtsaußen, Verein Argumente & Kultur gegen Rechts in Bielefeld, der »Gruppe beherzt« in Niedersachsen,
- für vielfältige Hilfe und Unterstützung: André, Angelika, Anton, Barbara, Charly, David, Dirk, Eckehard, Ernst, Florian, Friedrich, Gerald, Günther, Hardy, Heike, Jana, Johannes, Julia, Kai, Katharina, Kirsten, Kristin, Lisa, Marian, Martin, Michael, Olaf, Ralf, Sebastian, Silke, Sonja, Stefan, Steffen, Stephanie, Susanne, Tilo, Tim, Valentin, Volkmar, Wiebke, Zora sowie Peter Dinkloh und Cornelia Berger von verdi,
- den Kolleginnen und Kollegen für Informationen und Kritik: Sven Adam, Robert Andreasch, David Begrich, Heidrun Benneckenstein, Carina Book, Gideon Botsch, Janine Clausen, Silvio Duwe, Marijke Engel, Hildegard Eissing, Julian Feldmann, Nils Franke, Axel Hoffmann, Fabian Jellonnek, Andreas Kemper, Felix Korsch, Alexander Lorenz, Jens Meck-

lenburg, Jan Nowak, Jan Raabe, Lucius Teidelbaum, Sebastian Lipp, Volker Weiß, Caterina Woj, Jesko Wrede, Nora Zoglauer,

- unseren Anwälten, unerschrocken und unermüdlich,
- den Redaktionen von »taz-nord«, »die tageszeitung«, »blick nach rechts« und »Der Rechte Rand« sowie »exif-recherche«,
- Christoph Links und dem gesamten Team des Ch. Links Verlages für die erneute Unterstützung – eine kollegiale Beziehung, die inzwischen 15 Jahre währt,
- und all jenen, die uns eng verbunden sind.

Register der Institutionen, Organisationen und Parteien

Personenregister

Angaben zu Autorin und Autor

Andrea Röpke

Jahrgang 1965, Politologin und freie Journalistin; Spezialgebiet Rechtsextremismus; Veröffentlichung ihrer aufwendigen Inside-Recherchen u.a. für den WDR, in der »tageszeitung« und bei »Süddeutsche Online« sowie in Fachportalen wie »Blick nach rechts« und zahlreichen Büchern; mehrere Auszeichnungen, darunter »Das unerschrockene Wort« (2009) und »Journalistin des Jahres« (Kategorie Politik, 2011), Paul-Spiegel-Preis für Zivilcourage (2015), Otto-Brenner-Preis (2017).

Andreas Speit

Jahrgang 1966, Diplom-Sozialökonom, freier Journalist und Publizist, Kolumnist der »taz Nord«, regelmäßige Beiträge für die »tageszeitung«, WDR, Deutschlandfunk Kultur, »Blick nach rechts« und »jungle world«, mehrere Auszeichnungen, u.a. durch das Medium-Magazin und den Deutschen Journalisten-Verband, Autor und Herausgeber diverser Bücher zum Thema Rechtsextremismus.

Gemeinsam veröffentlichten sie im Ch. Links Verlag:

»Braune Kameradschaften. Die neuen Netzwerke der militanten Neonazis« (2004),

»Neonazis in Nadelstreifen. Die NPD auf dem Weg in die Mitte der Gesellschaft« (2008),

»Mädelsache! Frauen in der Neonazi-Szene« (2011),

»Blut und Ehre. Geschichte und Gegenwart rechter Gewalt in Deutschland« (2013).